L³ℛ
83

ATLAS
HISTORIQUE ET GÉOGRAPHIQUE
GUERRES DE LA RÉVOLUTION
(DE 1792 A 1815).

PAR P.-G.,

ANCIEN ÉLÈVE DE L'ÉCOLE POLYTECHNIQUE;

COLLATIONNÉ

SUR LES DOCUMENS HISTORIQUES ET GÉOGRAPHIQUES
CONSERVÉS AU DÉPOT DE LA GUERRE.

1ère LIVRAISON.

PARIS,
PAULIN, LIBRAIRE-ÉDITEUR,
PLACE DE LA BOURSE;
LEVRAULT, LIBRAIRE, 81 RUE DE LA HARPE.

MDCCCXXXIII.

BIBLIOTHEQUE

NOTICE

SUR

L'ATLAS HISTORIQUE

DES

GUERRES DE LA RÉVOLUTION,

Grand in-8°, papier grand-raisin.

[illegible]

[illegible] facilités possibles pour [illegible] payer le prix, ils donn[illegible] gratis [illegible] qui en auront placé douze [illegible]

ATLAS HISTORIQUE
DES GUERRES DE LA RÉVOLUTION
(1792 A 1815).

PREMIÈRE CARTE.

CAMPAGNE DE 1792 ET 1793.

Jusqu'au moment où les armées françaises ont pu prendre l'offensive, l'effort de la guerre s'est porté sur notre frontière du nord. C'est par là surtout que la France est vulnérable; les routes d'Allemagne et de Hollande à Paris sont à la vérité couvertes, sur certains points, par des places fortes et des rivières; mais ces rivières terminant leur cours sur le territoire étranger, il est toujours possible de les tourner. Ainsi, les routes de Berlin, de Leipsick et de Ratisbonne, qui viennent aboutir à Mayence et Manheim, traversent Sarrelouis (Sarrelouis est ici pour ordre; les Prussiens l'occupent en ce moment, (1832) et Metz, la Sarre et la Moselle. Mais si au lieu d'attaquer de front cette double ligne de défense, on passe la Moselle à Trèves, on pénètre sans coup férir aux bords de la Meuse; tandis qu'en partant de Bruxelles on évite les forteresses de la Sambre et de l'Escaut si l'on débouche par Charleroi sur Avesnes.

Au commencement de la guerre, le ministère, dirigé par Dumourier, avait songé à tirer parti des dispositions révolutionnaires de la Belgique; mais nos tentatives d'invasion en avril et mai ayant échoué, on se tenait sur une défensive réciproque.

De Dunkerque à Longwy s'étendait l'armée du nord, couvrant par des camps à Lille, à Maulde et à Maubeuge les avenues de la Flandre, et s'appuyant sur Givet, Sedan, Montmédy et Longwy, pour fermer les passages des Ardennes. A droite l'armée du centre, divisée, au moment où les grandes opérations commencèrent, en deux commandemens, sous les noms d'armée de la Moselle et d'armée du Rhin, était cantonnée depuis Thionville jusqu'à Huningue. Toutes ces forces montaient à peine à 130,000 hommes.

Du côté des coalisés, Albert de Saxe-Teschen et Clairfayt, occupaient avec 50,000 impériaux les Pays-Bas Autrichiens. Le roi de Prusse, les princes de Hesse et de Nassau, avaient réuni 70,000 combattans sur le Rhin de Coblentz à Mayence. Enfin 25,000 Autrichiens, Allemands et émigrés, sous les ordres du prince de Hohenloe-Kirchberg, observaient le cours du Rhin, depuis Manheim jusqu'à la Suisse.

Cependant les événemens de l'intérieur faisaient présager une crise prochaine dont les coalisés se décidèrent à tirer parti pour faire un mouvement général en avant.

A leur gauche le prince de Kirchberg se dispose à franchir le pont de Manheim, afin de bloquer Landau et de menacer l'Alsace; sur la droite, le prince de Saxe-Teschen doit tomber sur les camps français et chercher à s'emparer de nos places de Flandre. Mais c'est au centre que se prépare l'attaque principale. L'armée prussienne venant du Rhin, et Clairfayt parti de Bruxelles à la tête de 20,000 Impériaux, se concentrent sous le commandement du duc de Brunswick, dans le grand-duché de Luxembourg. De là leur colonne se porte en masse contre notre ligne, dans l'intention de la percer entre la Meuse et la Moselle, puis de marcher par Verdun et Châlons sur Paris.

Nos armées disséminées sur une étendue de près de 200 lieues, assaillies à la fois au centre et sur les deux ailes, ne doivent pas pouvoir se concentrer à temps pour présenter de grands obstacles. Notre frontière n'est défendue, au point menacé par le gros des forces ennemies, que par Thionville, Verdun, les petites places de Longwy et Montmédy, dont il est facile de s'emparer.

La révolution du 10 août vient encore compliquer l'état des choses, en jetant quelque incertitude parmi les armées et en nécessitant le changement des généraux.

Le prince de Hohenloe passe le Rhin à Germesheim et rejette sur Wissembourg l'aile gauche de l'armée du Rhin, que commande Kellermann sous les ordres de Biron nommé tout récemment général en chef. — *Première invasion de la France. 10 au 18 août.*

Au centre, Brunswick investit Longwy, Montmédy, et menace Thionville. Luckner, à la tête de l'armée de la Moselle, pousse sur Fontoy une reconnaissance générale; mais il se replie sur Metz; l'ennemi manœuvre à la rive droite de l'Orne, et prend position à Briey et à Estain, dans le double but de nous contenir et de nous interdire, en menaçant notre flanc, la route directe de Metz à Verdun. Luckner suit de loin ses mouvemens en remontant la Moselle. — *18. 19.*

Longwy se rend après quelques heures de bombardement. Le blocus de Montmédy continue, et tandis que Thionville est assiégé, Brunswick marche sur Verdun. Clairfayt occupe Stenay. Le bombardement de Verdun commence; la ville se soulève contre la garnison, et le commandant de place est contraint de capituler. — *23. 30. 31. 1 septembre.*

Jusqu'ici tout réussit aux coalisés. Ils ont séparé les armées françaises ; les voilà maîtres du cours de la Meuse, pressant de tout leur poids l'aile droite de l'armée du Nord : s'ils peuvent la rejeter entre l'Aisne et l'Oise, rien ne les arrêtera jusqu'à Paris.

28 août.

Mais Dumourier vient d'être appelé au commandement de l'armée du Nord. Arrivé à Sedan, il appelle à lui la division Dubousquet, cantonnée en Flandre, et les troupes du camp de Maulde, que conduit Beurnonville, remettant aux garnisons de nos places fortes et au patriotisme des habitans le soin d'arrêter le prince de Saxe.

Sa résolution est prise de tenir tête à l'ennemi et de concentrer près de la Meuse, à quinze lieues du point envahi, et les corps sous ses ordres et l'armée de la Moselle.

Campagne de l'Argonne.

La rive gauche de la Meuse depuis Sedan jusqu'aux sources de l'Aisne est très-favorable à la défense. Cette contrée, qu'on appelle l'Argonne, est traversée par deux petites rivières, l'Aisne et l'Aire, coupée de ruisseaux marécageux et couverte de forêts. On n'y peut pénétrer que par les routes tracées partant de Sedan, Stenay, Dun, Verdun, et aboutissant aux défilés du Chêne-Populeux, de la Croix-au-Bois, de Grandpré et des Ilettes, qui donnent entrée dans toute la Champagne.

En appuyant légèrement à droite, Dumourier peut se trouver en possession de ces passages, et s'il y prévient l'ennemi il doit l'arrêter assez long-temps pour faire sa jonction à gauche avec Beurnonville, et à droite avec l'armée du centre, dont Kellermann vient de prendre le commandement. Mais cette manœuvre est délicate. Clairfayt a jeté une forte avant-garde au-delà de la Meuse, il observe avec attention nos mouvemens ; une marche rétrograde l'attirerait sur nos pas et lui livrerait sans doute les défilés. Dumourier, ne pouvant sans péril s'y porter, en faisant un long détour, par Rhetel et Vouziers, remonte résolument la Meuse et marche droit à Clairfayt. Le général autrichien, croyant être attaqué, rappelle sur la rive droite les troupes qui ont pris position au-delà de la Meuse. Dumourier profite du moment, se replie sur Busancy, et arrive sans combat à Grandpré : il s'établit avec 15,000 hommes au confluent de l'Aisne et de l'Aire, place aux Ilettes et à Clermont Arthur Dillon avec 7,000 hommes, et la brigade de Miranda à Varennes, couvrant ainsi toute la rive gauche de l'Aire.

28 août.

1 au 4 septembre.

Dubousquet étant arrivé près de Rhetel, il lui donne l'ordre d'occuper le Chêne-Populeux, et fait garder la Croix-au-Bois par un détachement qui doit s'y retrancher.

Brunswick dirige le gros de ses forces contre les positions de Dumourier, et l'attaque depuis Clermont jusqu'à Saint-Juvin. L'avant-garde de Dillon cède le poste de Clermont et se replie à la Chalade et aux Ilettes, d'où l'ennemi est repoussé ; Miranda défend victorieusement Varennes ; Dumourier se maintient avec le même succès à Grandpré et à Saint-Juvin.

6 au 10.

Le général prussien, trouvant sur son front une vive résistance, inquiet d'ailleurs des mouvemens de Kellermann à sa gauche, se dirige vers le nord en laissant les Hessois à Clermont. Son projet est de tourner la gauche de Dumourier, de se rabattre sur Kellermann, et de les forcer l'un et l'autre à se jeter sur la rive gauche de la Marne.

13.

Un incident inattendu lui abrège le chemin ; les Impériaux ont reconnu la faiblesse du détachement qui garde la Croix-au-Bois et n'a point achevé de s'y retrancher ; leur avant-garde s'empare de ce passage.

Dumourier le fait reprendre par la division Chazot ; les Autrichiens se mettent en déroute. Mais l'armée entière approche, le passage est forcé. Chazot est rejeté sur Vouziers ; Dubousquet, coupé de Grandpré, se replie sur Attigny. Ces deux généraux font leur retraite sur Châlons par Sompy et Suippe.

14 sept.

Dumourier, séparé de sa gauche, près d'être débordé de ce côté tandis que sa droite s'est constamment maintenue, abandonne le camp de Grandpré. Il se porte pendant la nuit à Autry sur l'Aisne, puis remonte la rive gauche de cette rivière jusqu'à Sainte-Menehould ; là il se déploie sur sa droite, faisant face de tous côtés à l'ennemi, qui ne peut l'attaquer avant de s'être réuni au-delà des passages dont il se trouve maître.

15.

16 au 17

Notre gauche a le temps de se reformer : elle se compose de Beurnonville, qui vient d'arriver à Châlons, et de Chazot, qui s'y est retiré. L'un et l'autre gagnent Sainte-Menehould. Dubousquet, pour couvrir Châlons, reste à Notre-Dame de l'Épine sur la Vesle. Enfin Kellermann, débouchant de Vitry, s'ébranle aussi pour rejoindre l'armée principale et vient s'établir de confiance en avant de l'Auve. Il ne tarde pas à s'apercevoir combien la position est mauvaise, et cherche à la changer. Mais, soit que l'ennemi ignore qu'il est en ligne, soit qu'il veuille profiter des avantages que présente le terrain, il débouche au moment où l'armée se dispose à repasser l'Auve ; Kellermann, obligé de chercher un champ de bataille, s'avance courageusement à sa rencontre. Il s'établit sur les hauteurs de Valmy, contient les Prussiens, et force leurs colonnes à rétrograder. Il exécute alors le mouvement qu'elles l'ont obligé d'interrompre ; il repasse l'Auve pendant la nuit, et se trouve au jour sur le flanc droit du duc de Brunswick. Celui-ci, qui se préparait à recommencer l'attaque, ne l'a pas aperçu dans cette position inattendue, qu'il arrête ses masses et rentre dans ses quartiers. — Il ne pouvait désormais se promettre de nous forcer : la saison devenait mauvaise, ses troupes étaient accablées par la faim, les maladies ; Biron se disposait à le presser sur ses derrières ; Custines saisissait les approvisionnemens, les passages qu'il avait sur le Rhin. La guerre était d'ailleurs sans intérêt pour la Prusse ; Brunswick entre en conférence, et s'engage à évacuer le territoire, à condition que sa retraite ne sera pas troublée. Il se met en marche pour regagner le Rhin par Trèves et Coblentz, Clairfayt retourne en Belgique par Arlon, Namur et Mons.

Bataille de Valmy.

Le succès au centre est complet ; il n'est pas moins brillant en Flandre et en Alsace. Le prince Albert de Saxe a d'abord replié dans les places le reste de nos camps dégarnis par Dumourier, puis il est tombé sur Lille, dont il a commencé le siège. Il a bombardé cette ville avec un acharnement hors des usages cruels de la guerre ; mais vaincu par la constance des habitans, il a levé le siège et marche sur Valenciennes, quand Labourdonnaye, venant de l'intérieur et Beurnonville arrivant avec la gauche de Dumourier, le forcent à repasser la frontière. Custines avait fait mieux encore. Les pluies avaient long-temps retardé un coup de main qu'il se proposait de tenter sur Spire ; il exécute enfin, s'empare de la

Siège de 29 septem.

8 octob.

Prise de 31 septem.

CAMPAGNE DE 1792 ET 1793.

place, enlève Frankenthal, Worms, et marche sur Mayence. D'un autre côté, l'armée de la Moselle reprend en avant de Metz les positions qu'elle occupait au moment de l'invasion.

Dumourier se porte dans les Pays-Bas; sa droite, que commande Valence, gagne la Belgique par Givet, son centre appuie sur la gauche. Lui-même rejoint en Flandre Beurnonville et Labourdonnaye. Il se trouve alors à la tête de plus de 60,000 hommes.

Labourdonnaye et Valence sont destinés à déborder les ailes de l'ennemi. Le premier suit la route par laquelle Clairfayt a fait sa retraite; l'autre marche sur Anvers en poussant vivement la droite des Impériaux, commandée par Latour.

Cependant Dumourier marche en deux colonnes par Maubeuge et Valenciennes contre les retranchemens qu'ils ont élevés sur la route de Mons.

De son côté Custines, après avoir pris Mayence et Cassel, s'avance sur la rive droite du Rhin, dans l'espoir de révolutionner le pays. Il met garnison à Francfort, et s'étend du Mein à la Lahn.

Ainsi les forces des Français, après s'être un moment concentrées, sont disséminées maintenant de Tournay à Weilbourg, sur un développement de cent trente lieues.

Nous allons voir l'armée du Nord accabler les Impériaux par la supériorité du nombre; mais Kellermann, trop faible, ne pourra faire aucun progrès, et Custines, aux prises avec les forces principales de Brunswick, perdra rapidement ses conquêtes.

Dumourier attaque les redoutes de Jemmapes et Cuesmes; les Impériaux défendent avec opiniâtreté leurs retranchemens; leur cavalerie, débouchant des intervalles, ébranle d'abord notre ligne; mais elle est enfin contenue: nous pénétrons de front et par notre gauche dans Jemmapes, en même temps qu'à notre droite Cuesmes est emporté.

L'ennemi évacue Mons, où nous faisons notre entrée; il se retire à Bruxelles. Cependant Latour s'est replié devant Labourdonnaye, qui entre à Tournay, puis marche sur Gand et Bruges; enfin Valence arrive par Charleroi à Nivelles, d'où il part pour occuper Namur.

En Allemagne les Prussiens ont repassé le Rhin à Coblentz, leur avant-garde s'est fait battre à Weilbourg par celle de Custines et s'est retirée à Limbourg; mais ils se concentrent sur la Lahn et se préparent à une sérieuse attaque. Kellermann reste stationnaire.

En Belgique nous n'avons plus qu'à marcher. Dumourier entre à Bruxelles, à la suite d'un engagement d'avant-garde à Anderlicht.

Clairfayt prend d'abord la route de Malines pour recueillir Latour, qui abandonne Anvers à Labourdonnaye (remplacé bientôt par Miranda); puis il se retire à Louvain, où Dumourier le suit après avoir fait occuper Malines.

Nous gagnons en trois colonnes les rives de la Meuse, Valence à droite par la route de Namur, Dumourier au centre par celle de Louvain, Miranda à gauche à travers Turnhout et Hammond.

Dans ce mouvement de rotation Valence, ayant à parcourir la moindre distance, doit arriver le premier sur la Meuse et y servir d'appui au reste de l'armée; aussi Clairfayt envoie de Louvain à Namur le corps de Beaulieu, à qui il prescrit d'arrêter notre marche. Mais Dumourier renforce Valence de toute la division D'Harville. Beaulieu est replié sur Liège. Nous entrons dans Namur en formant l'investissement des châteaux.

Cependant Dumourier atteint les Impériaux à Tirlemont, et les mène battant jusqu'à Liège dont il se rend maître après un vif combat. Miranda parvient sans obstacle à Ruremonde.

Clairfayt et Beaulieu se séparent encore. Le premier, avec le gros de l'armée, se retire derrière la Roer; l'autre gagne l'électorat de Trèves pour contribuer à contenir Beurnonville, qui vient de remplacer Kellermann dans le commandement de l'armée de la Moselle.

Nous sommes établis sur toute la rive gauche de la Meuse, mais Kellermann a été tenu en échec sur les limites de l'électorat de Trèves et n'a pu y pénétrer. Clairfayt ne désespère point de se maintenir en-deçà du Rhin, retranché sur son front en arrière de l'Erf et flanqué fortement à droite par les corps stationnés sur la Moselle. D'ailleurs l'hiver va rendre toute opération impossible, et au printemps de nouveaux renforts rendront l'attaque aux Impériaux. Nous continuons cependant notre mouvement offensif en occupant Aix-la-Chapelle, Verviers et Spa et en poussant nos avant-postes jusqu'à la Roer.

Là Dumourier s'arrête. Faut-il l'accuser d'avoir manqué d'audace? a-t-il pu pousser jusqu'au Rhin un ennemi disposé à lui disputer le terrain, en exposant son flanc droit aux attaques des forces imposantes réunies autour de Trèves? La situation des autres armées lui permet-elle d'ailleurs de rien hasarder? Custines s'est avancé en Allemagne, mais les Prussiens lui ont enlevé Francfort; ils assiègent Kœnigstein, nous resserrent dans Mayence, et préparent un pont pour passer à Rheinfels et nous prendre à revers sur la rive gauche du Rhin. Beurnonville a fait sur Trèves une tentative inutile, il a dirigé ses colonnes sur les deux rives de la Sarre; mais il a échoué devant les positions de Pellingen et s'est replié entre la Sarre et la Moselle.

Là finit la campagne de 1792. Nous formons une ligne circulaire passant par Juliers, Thionville et Mayence. La droite des armées ennemies est retranchée derrière l'Erf, leur centre occupe fortement l'électorat de Trèves, leur gauche nous a rejetés en-deçà du Rhin.

On voit que notre position est fort mal assurée: nous n'avons d'autre appui sur nos ailes que Mayence, où nous pouvons être acculés par le passage des Prussiens à Rheinfels. Les coalisés, en déployant leur centre et renforçant leurs ailes, peuvent nous ramener promptement sur nos frontières.

Lorsque les hostilités reprennent, au mois de février 1793, notre situation est encore plus périlleuse. La Convention a déclaré la guerre au stathouder et à l'Angleterre. Avant que ces nouveaux ennemis puissent rentrer en ligne, Dumourier avec 15,000 hommes fait une irruption dans le Brabant hollandais. Il veut tenter de révolutionner la Hollande et d'affermir de cette manière son flanc gauche, afin de disposer ensuite librement de toutes ses forces contre les Impériaux. Ses premiers succès sont prodigieux: Breda et Klundert capitulent, Gertruydenberg se rend en peu de jours, Williemstadt et Berg-op-Zoom sont assiégés. Nos faibles détachemens font déposer les armes à des garnisons supérieures en nombre. Cependant Miranda et Valence sont restés sur la Meuse avec 60,000 hommes. Le premier assiège Maestricht et Venloo;

le second, après s'être emparé des châteaux de Namur, est en position à Liège.

Mais l'armée impériale a reçu de puissans renforts; elle s'élève à 70,000 hommes commandés par le prince de Saxe-Cobourg, une des renommées militaires de l'Europe. Ce général, s'étant déterminé à attaquer le premier, tombe à l'improviste sur nos cantonnemens; il enlève aux bords de la Roer ceux d'Alden-Hoven et Eschweiler, nous chasse d'Aix-la-Chapelle en nous poussant en désordre sur la Meuse.

Deux divisions de la droite, qui occupent Spa et Verviers, sont coupées, et font leur retraite sur Namur. Au centre la confusion est extrême; Miranda, qui d'Aix-la-Chapelle s'est replié sur Maestricht, n'espérant pas s'y maintenir, se retire par Tongres. Cobourg passe la Meuse et s'élance à sa poursuite. Valence va se trouver pris à revers s'il s'obstine à rester à Liège et s'il se laisse prévenir à Saint-Trond par l'ennemi. Il évacue en toute hâte ses divisions sur cette dernière ville, où se rejoignent les deux généraux. Enfin notre gauche, à l'approche du général autrichien Latour, abandonne Ruremonde et fait sa retraite par Hammond et Diest sur Tirlemont.

Une simple marche de six jours nous a fait perdre plusieurs milliers de prisonniers, une grande partie de notre matériel, les passages de la Meuse et vingt-cinq lieues de terrain.

Dumourier recommande vainement à ses lieutenans de faire ferme; il leur donne vainement l'assurance que ses succès en Hollande arrêteront l'ennemi; aucun d'eux ne peut rendre confiance à l'armée, que le général en chef est obligé de venir rejoindre à Louvain où elle a pris position.

Il fait aussitôt des dispositions offensives, fait occuper Diest afin d'ouvrir la communication avec l'armée de Hollande, chasse de Tirlemont les avant-gardes autrichiennes, et s'établit entre les deux Geetes, depuis leur confluent jusqu'à Heylissem. Les Impériaux tentent inutilement de lui faire repasser la grande Geete; leurs attaques sont repoussées.

Dumourier pense profiter de ce succès pour leur enlever le cours de la petite Geete et s'établir à Saint-Trond.

Dans ce but il range sa gauche à Leau et Orsmael, lui prescrivant de se borner à contenir l'ennemi tandis que le centre et la droite, pivotant sur elle, doivent traverser la petite Geete et la plaine de Lunden et Nerwinde de manière à se rabattre sur la chaussée en s'étendant jusqu'à Saint-Trond.

Cette manœuvre échoue malgré les progrès du centre et de la droite qui s'avancent pied à pied et restent en possession de chaque position. L'ennemi est tombé vivement sur notre gauche qui n'a pu se maintenir, et s'est retirée en désordre jusqu'à Tirlemont.

Dès-lors, Cobourg, maître de la grande route, menace de rompre notre ligne en pénétrant fortement par Orsmael. Mais Dumourier rallie une partie de sa gauche; et, à l'aide d'une division du centre, il tient en échec à Orsmael la colonne ennemie, pendant que le reste de notre armée repasse la petite Geete et reprend ses positions de la veille.

La bataille n'en est pas moins perdue et la retraite nécessaire, le général français espère toutefois conserver la Belgique; il prend ses dispositions pour s'y maintenir.

Le corps placé à Diest se replie sur Malines, nous liant avec Anvers: la division Neuilly part de Judoigne afin d'occuper Nivelles et Mont-Saint-Jean, et de couvrir la route de Bruxelles qui traverse la forêt de Soignies. D'Harville est envoyé à Namur pour nous conserver cet important appui sur la Meuse. Dumourier en personne se charge de défendre Louvain.

Mais Beaulieu ayant quitté l'électorat de Trèves marche sur Namur: Cobourg comptant sur sa coopération n'est point forcé comme nous de se disséminer, il s'avance en deux formidables colonnes contre Malines et Louvain. Devant cette dernière ville, Dumourier arrête deux jours celle que le général ennemi conduit en personne. Mais enfin, craignant d'être tourné à gauche par la seconde, il continue à rétrograder, traverse Bruxelles et s'établit à Ast: Neuilly se replie sur Mons. Pendant ce temps, Beaulieu chasse de Namur d'Harville qui se réfugie à Givet; Neuilly, dont la droite est découverte, regagne alors la frontière. D'un autre côté, l'armée de Hollande, après s'être réunie à Anvers, quitte cette ville et remonte précipitamment la Lys. Dumourier, isolé de toutes parts, est obligé de se retirer à Condé.

Sur les bords du Rhin, deux armées nous menacent; elles vont assiéger Mayence en se liant au moyen du corps de Hohenloe-Kirchberg, qui a aussi quitté les environs de Trèves pour se rapprocher du Rhin. Brunswick est encore à la tête des Prussiens, Wurmser commande les Impériaux; ces deux généraux peuvent réunir 80,000 hommes.

Notre armée est rangée dans le pli que forme le Rhin au-dessus de Bingen. Les Prussiens débouchent les premiers sur notre gauche après avoir passé le Rhin à Rheinfels; ils nous enlèvent Stromberg que nous leur reprenons. Mais Hohenloe traverse Kirchberg et se dirige vers Mysenboim; en même temps les Prussiens se rendent maîtres, à la suite d'un vif combat, de la position de Bingen par laquelle nous nous appuyions au Rhin: Wurmser fait à Manheim des préparatifs de passage.

Ainsi, tandis que notre gauche est détachée du Rhin, Hohenloe menace de la prendre à revers, et Wurmser manœuvre pour nous couper la retraite.

Custines est donc forcé d'abandonner le Rhin et Mayence, il se retire d'abord à Alzey où il s'arrête, examinant ce qui se passe autour de lui. Hohenloe a tenu en échec l'armée de la Moselle, commandée maintenant par Ligneville; les Prussiens, parvenus par la route de Bingen jusqu'à Mayence, s'interposent entre la ville et l'armée, et Wurmser inquiète fortement la tête de pont de Manheim. Le général français, craignant d'être enveloppé de toutes parts sans aucun espoir d'être soutenu, se réfugie précipitamment à Landau et Wissembourg.

La campagne n'est ouverte que depuis un mois, et nous sommes rentrés sur tous les points dans notre frontière. Il ne nous reste de tant de conquêtes que Mayence, dont le siège doit du moins arrêter l'ennemi à notre droite. Les coalisés ne peuvent se porter en avant de ce côté, avant d'avoir réduit cette forteresse importante qui renferme une garnison de 25,000 hommes. Ils se contentent de couvrir le siège en occupant Landsthul, Kaiserslautern, Neustadt et Spire.

En Flandre, Dumourier a obtenu une trêve au moyen de la cession des places de la Hollande. C'est pendant cette suspension d'armes qu'il traite personnellement avec l'ennemi.

Il entreprend, à l'aide de son armée et des Impériaux, de déterminer une réaction politique. Cette tentative est déjouée par le patriotisme des soldats. Dumourier fuit avec une partie de son état-major.

Dampierre, qui le remplace, se replie d'abord à Bouchain, puis ayant placé de fortes garnisons à Bouchain, Douay et Cambrai, il répartit son armée dans les camps de Famars sous Valenciennes, de Cassel, de Lille, de Maubeuge, de Givet, et s'établit de sa personne au camp de Famars.

Sur ces entrefaites, les Anglais, sous les ordres du duc d'York, et les troupes hollandaises conduites par le prince d'Orange, entrent en ligne : la coalition compte alors de ce côté plus de 100,000 combattans. Notre armée est réduite à quarante mille. Mais bientôt elle se renforce, elle reçoit des recrues de toutes parts.

La France, exaspérée par l'imminence du danger, consacre son immense puissance au seul intérêt de sa conservation, et se livre sans réserve à la dictature qui promet de la sauver. La société tout entière se soumet aux lois rigoureuses d'une ville assiégée. Toutes les fortunes, toutes les existences, les forces productives du sol et de l'industrie sont dévouées à sa défense, et le pouvoir proscrit sans distinction quiconque tente de la paralyser.

C'est aussi de ce moment qu'il faut dater la guerre de la révolution. Nous avons vu jusqu'ici des généraux déployant plus ou moins d'habileté, mais étrangers aux passions de l'époque. Bientôt sortiront de la multitude appelée aux armes, quelques ames vives résumant ses sentimens et son génie. Avant que leurs talens se soient dévoilés nous éprouverons encore des revers, puis nous serons partout vainqueurs, et, cédant à l'attrait de la victoire, nous nous plairons à l'oppression de ceux qui nous ont menacés, aussi long-temps que le souvenir de leur odieuse agression l'emportera sur les idées de liberté et de progrès sociaux qui reprendront ensuite leur cours.

Pendant l'armistice, les coalisés réunis à Anvers arrêtent leur plan de campagne, et, suivant toute apparence, le partage des provinces qu'ils espèrent nous enlever.

L'expérience de l'année précédente a fait voir combien il y a de témérité à pénétrer en France sans s'appuyer sur une forte base. Or, les places des Pays-Bas Autrichiens ont été démantelées, tandis que notre frontière du nord est hérissée de forteresses. Le premier soin de la coalition doit donc être de les investir et de les assiéger.

A la droite des ennemis, les Hollandais et le corps anglais se déploient entre Furnes et Courtray, afin d'assiéger Dunkerque en menaçant Lille. Dunkerque est sans doute le prix de l'intervention effective des troupes anglaises.

Au centre, Cobourg se liant avec la droite au moyen d'un corps prussien campé à Tournay, pénètre à la tête des Impériaux dans l'angle formé par la Sambre et l'Escaut; il est chargé de faire tomber les forteresses de Condé, Valenciennes, le Quesnoy, Landrecies et Maubeuge.

Enfin, à gauche, Beaulieu occupe Namur. Il doit surveiller le Luxembourg et inquiéter nos villes des Ardennes. Les places une fois prises, l'ennemi compte marcher sur Paris.

Il débute par l'investissement de Condé; les Impériaux prennent position sur la Scarpe, puis à Raismes et à Quiévrain, de manière à contenir à la fois les camps de Lille et de Valenciennes.

Dampierre fait cependant deux tentatives pour secourir la ville assiégée. Il sort du camp de Famars, et marche sur Quiévrain, tandis que Lamarlière débouche de Lille et attaque Saint-Amand. Nous sommes repoussés de Quiévrain ; Lamarlière retourne au camp de Lille.

Le résultat de la seconde affaire est plus funeste. Cette fois, tandis que Lamarlière pénètre dans Saint-Amand, les troupes de Famars se portent sur Raismes, et cherchent, l'épée à la main, à ouvrir la communication avec lui. Elles emportent Raismes; mais en arrière de ce village elles éprouvent une résistance opiniâtre. Dampierre est tué, ses soldats regagnent en désordre leur camp; Lamarlière est encore obligé de rentrer à Lille.

Cependant Cobourg veut mettre fin à ces combats en faisant lever le camp de Famars et en investissant Valenciennes. Dans ce but il appelle à lui toute sa droite, n'ayant rien à craindre de ce côté. Il prescrit aux Hollandais et au corps prussien de déboucher de Menin et Tournay, afin de faire une fausse attaque sur Lille par Roncq, Turcoing et Orchies, de manière à retenir Lamarlière. Pendant ce temps York vient se poster entre la Scarpe et Valenciennes, et Cobourg se dispose à se porter alternativement à droite et à gauche de cette dernière ville, afin d'enlever les faubourgs d'Anzin et de Marly, et de s'établir sur les collines qui bordent la rive droite de la Rhonelle.

Cette opération réussit. Lamarlière soutient à Roncq et Turcoing un combat glorieux, mais sans résultat, pendant lequel York s'interpose entre son camp et celui de Valenciennes. Cependant les impériaux nous chassent d'abord d'Anzin, puis de Marly. Le camp de Famars, dominé de l'autre côté de la Rhonelle, n'est plus tenable. L'armée, commandée provisoirement par Lamarche, se retire au camp de César, entre Bouchain et Cambray. York commence le siège de Valenciennes; Clairfayt dirige celui de Condé. Ils sont soutenus par Cobourg, qui prend position à Raismes et occupe Saint-Amand sur la Scarpe, et Denain sur l'Escaut, tenant en échec Lamarlière et Lamarche.

Notre gauche a profité du départ du duc d'York pour se porter en avant. Le général O'Moran est sorti du camp de Cassel et s'est emparé de Furnes.

Les sièges de Mayence, Valenciennes et Condé continuent. Nos ennemis sont trop nombreux pour que nous puissions secourir ces places, et, selon leur plan, ils ne doivent pas s'avancer avant de les avoir réduites. Pendant deux mois toutes les armées sont stationnaires.

Beauharnais seul, qui a remplacé, en Alsace, Custines, appelé au commandement de l'armée du Nord, fait quelques démonstrations pour troubler le siège de Mayence. Il commence par faire occuper Arlon, espérant attirer dans le Luxembourg, Brunswick ou Wurmser ; mais c'est encore Beaulieu qui vient nous déposter. Le général prussien ne quitte pas les avenues de Mayence, et l'effort réuni des deux armées du Rhin et de la Moselle n'a d'autre résultat que de nous rendre Hombourg et de renouer, par Pirmasens et Deux-Ponts, leur communication interrompue.

Mayence ne peut donc être dégagée : cette ville assiégée

par le maréchal Kalkreuth, sous les ordres du roi de Prusse, est contrainte à capituler après la plus glorieuse résistance; sa belle garnison, réduite à 20,000 h., sort avec les honneurs de la guerre. Elle a seulement pris l'engagement de ne point combattre la coalition pendant une année. Elle part pour éteindre la guerre civile en Vendée.

Condé s'est rendue ; enfin Valenciennes, qui a aussi épuisé tous ses moyens de défense, est réduite, sans que Custines ait pu rien entreprendre pour la sauver : la perte de cette ville lui ôte le commandement de l'armée.

Valenciennes prise, les généraux coalisés retournent à leurs projets; mais avant de se séparer ils cherchent à enlever le camp de César. York tourne Cambray à la droite du camp, tandis que Cobourg remonte les deux rives de l'Escaut pour nous attaquer de front, et par notre gauche; mais Kilmaine, qui remplace provisoirement Custines, ne les attend point, il repasse la Censée et se retire derrière la Scarpe à Gavercile, entre Arras et Douai, après un léger engagement à Marquion.

L'ennemi ne le poursuit pas, il se borne à faire insulter nos places de la Somme. York se dirige vers Menin par Marchiennes. Cobourg se concentre à Bavay et commence l'investissement du Quesnoy.

Tous deux ont reçu des renforts ; les impériaux de Beaulieu et d'Alvinzy sont sous les ordres d'York, que les Prussiens ont quitté: il commande à plus de 60,000 hommes, Cobourg a près de 100,000 combattans.

Notre armée est ainsi répartie: la droite garde la Sambre et campe sous Maubeuge et Givet; le centre est à Gaverelle et dans les places de Douai, Cambray et Bouchain ; la gauche s'est maintenue à Cassel, à Gyvelde en avant de Dunkerque et au camp de la Madeleine sous Lille.

York tourne lentement autour de cette dernière ville, espérant nous dérober sa marche et tomber sur Dunkerque pendant qu'on le croira occupé à investir Lille. Beaulieu reste à Cysoing afin de le lier avec Cobourg.

Arrivé à Menin, il fait attaquer, par le prince d'Orange, notre camp de la Madeleine. Après un combat assez vif, nous perdons le village de Linselles et les hameaux qui en dépendent; mais ce n'est là qu'une démonstration pendant laquelle Alvinzy s'est avancé par Ypres et Furnes; il replie sur Dunkerque le corps campé à Gyvelde.

York s'avance lui-même par Poperingue ; mais il ne peut réussir à couper de Dunkerque notre camp de Cassel ; nos soldats arrivent avant lui sous le canon de cette première ville, dont l'investissement est toutefois complet. La tranchée s'ouvre sous la protection des corps de Freytag et Walmoden, qui prennent position sur l'Iser, occupant Wormhout, Hondscoote et Roexpoëde.

Cependant Houchard a été appelé à remplacer Custines. Il commence par prendre ses dispositions pour débloquer Dunkerque. Il porte sur Lille les troupes du camp de Gaverelle, et, pendant qu'une fausse attaque est dirigée sur Roncq et Turcoing contre les Hollandais restés autour de Menin, le gros de ses forces prend la route de Dunkerque. Il les concentre à Cassel et Steemvorde, puis il dirige par Poperingue sa droite, qui occupe Wlamertingen et Rouxbrugge, à l'effet de couper des Hollandais les corps assié-

geans, et il lance son centre sur Roexpoëde contre Freytag, et sa gauche sur Wormhout, contre Walmoden.

L'attaque du centre réussit ; nous pénétrons jusqu'à Roexpoëde dont nous nous emparons. Mais Walmoden, attaqué mollement, s'est replié sur Freytag, il arrive vers le soir à Roexpoëde et nous y surprend. Notre gauche, au lieu de le suivre, voyant libre la route de Dunkerque, a continué sa marche vers cette place.

Nous reprenons Roexpoëde à Walmoden ; les deux généraux ennemis sont resserrés dans Hondscoote.

Les redoutes d'Hondscoote sont enlevées par notre centre, une brigade qui s'y est portée de Bergues, et la division de notre droite qui occupait Rouxbrugge. Walmoden et Freytag se retirent par Furnes.

Cependant notre gauche, ayant fait sa jonction avec les corps assiégés, tombe en même temps qu'eux sur le duc d'York; ce prince, assailli de front et menacé à revers par la retraite des corps battus à Hondscoote, lève précipitamment le siège, se retire à Furnes, en longeant la côte, traverse cette ville, et va se rallier au-delà de l'Iser entre Nieuport et Dixmude.

Dunkerque débloqué, Houchard renforce la garnison, fait occuper Furnes et menacer Ypres, puis il part pour Lille, que le prince d'Orange et Beaulieu ont plus vivement pressée, et qu'il va dégager avant qu'York ait pu se réorganiser.

Les Hollandais se lient aux Anglais par Ypres et Werwick, à Beaulieu par Turcoing et Launay; le prince d'Orange occupe Menin.

Houchard, partant de Bailleul, marche droit au centre de cette ligne étendue; il enlève à Werwick, le passage de la Lys et se porte vivement sur la route de Lille à Menin, tandis que les troupes du camp de la Madeleine repoussent les impériaux de Lannoy et Turcoing. Les Hollandais se reforment en avant de Menin, mais nous les attaquons si brusquement que nous pénétrons pêle-mêle avec eux dans cette ville. Le prince d'Orange se retire à Courtray ; Houchard l'y poursuit. Mais Beaulieu s'est rallié en avant de Tournay, il suit notre mouvement par la rive droite de la Lys, et, saisissant l'occasion, tombe, à Bishghem, sur le flanc droit de notre division d'avant-garde ; elle se met en déroute, le désordre se communique à toute l'armée; nous abandonnons Menin pour nous réfugier sous le canon de Lille.

Cette échauffourée, la faible manière dont toute cette opération a été conduite, portent au dernier point l'exaspération du Comité. Il s'attendait à voir les Anglais détruits; au lieu de les tourner et les jeter à la mer, Houchard est allé bonnement les attaquer de front et a fini par se faire battre. Il est destitué; Jourdan le remplace et se dispose aussitôt à débloquer Maubeuge.

Pendant l'expédition sur Dunkerque, Cobourg s'est retranché le long de la Sambre, dans la forêt de Mormal, entre le Quesnoy et Landrecies. La première de ces deux places a été investie et nous avons fait d'inutiles efforts pour la dégager. Trois colonnes sont parties de Maubeuge, de Landrecies et de Cambray, dans le dessein de rompre les lignes de blocus; les deux premières, fortement contenues, n'ont pu faire aucun progrès; la troisième, arrivée sur les bords de la Selle, à Sauzoir, a été entourée et complètement battue.

Mais déjà le Quesnoy s'était rendu, et Cobourg a disposé de toutes ses forces pour investir Maubeuge; il a réussi à renfermer dans le camp, sous le canon de la place, deux divisions qui bordaient la Sambre, et les a entourées d'un cercle de redoutes; toutes leurs sorties ont été repoussées; elles commencent à manquer d'approvisionnement, quand Jourdan arrive du camp de Gaverelle, avec 40,000 hommes.

Ce général, en passant par Saint-Quentin et Guise, a porté son quartier-général à Avesnes, en appelant à sa droite un détachement de l'armée des Ardennes, stationné vers Philippeville.

Cobourg lui fait face avec 30,000 hommes qu'il range de Leval à Obrechies, et oppose 35,000 hommes au camp et à la garnison, qui peuvent fournir 20,000 combattans.

Jourdan commence son attaque de Leval à Dourlers; il appuie surtout sur le dernier point dont la possession lui ouvrirait la chaussée de Maubeuge; mais c'est là que Cobourg est en force; ce premier combat n'amène aucun résultat.

Alors notre effort se porte entre Dourlers et Obrechies où l'ennemi s'est moins fortifié. Nous lui enlevons sa position de Wattignies; sa ligne est percée; nous tendons la main à l'armée de Maubeuge. Cobourg repasse la Sambre et abandonne le siège.

Prévoyant le mouvement de Jourdan, Cobourg a encore attiré à lui le duc d'York. Notre gauche a voulu tirer parti de son absence; nous sommes sortis de Lille pour attaquer à la fois Ypres, Menin, Courtray et Cysoing; la garnison de Dunkerque s'est avancée jusqu'à Furnes.

Mais ces opérations sont sans résultat. York se reporte à la droite. Jourdan, après avoir inutilement tenté le passage de la Sambre, revient à Gaverelle. Cobourg, de ses retranchemens de la forêt de Mormal, lance quelques partis jusqu'aux portes de Guise et Cambrai. Mais bientôt il prend ses cantonnemens d'hiver, et toute opération est suspendue. Ces événemens terminent au nord la campagne de 1793.

A l'est, après la prise de Mayence, l'ennemi s'est disposé à bloquer Landau. Cette place située sur la Queich, au pied du versant oriental des Vosges, complète, avec les accidens de localités, un système de défense devant lequel vont échouer tous les efforts des coalisés.

La Queich, la Lauter et la Moder partent du sommet des Vosges pour aller se jeter dans le Rhin. Ces rivières séparés par des contre-forts de la grande chaine sont encaissées dans des vallées profondes dont les avenues ont été couvertes de retranchemens.

Le long du revers occidental coule la Sarre perpendiculairement à ces vallées.

Pendant le siège de Mayence, nous nous sommes établis sur la Sarre et sur la Queich; un corps intermédiaire, placé à Hornbach et Pirmasens, garde les sommités des Vosges, et lie nos deux armées.

Il résulte de ces dispositions que l'ennemi ne peut rien entreprendre contre l'armée du Rhin sur la Queich, la Lauter et la Moder, sans prêter le flanc à l'armée de la Moselle. Il lui est impossible de faire un pas sur le revers oriental, s'il ne garde en même temps les sommités à la hauteur desquelles il est parvenu, et s'il n'a sur le revers occidental des forces suffisantes pour nous contenir en-deçà de la Sarre. Telles sont les difficultés que présente le siège de Landau.

L'armée de Brunswick, cette armée qui devait l'année précédente pénétrer jusqu'à Paris, s'établit sur le versant occidental; le prince de Hohenloe est au sommet de la chaîne, Wurmser opère entre les montagnes et le Rhin.

Pendant plus d'un mois, il ne se passe aucun événement signalé. Nous nous maintenons depuis Sarrelouis jusqu'à Landau en occupant toujours Hornbach et Pirmasens. Mais enfin nous perdons Pirmasens; le corps des Vosges est rejeté sur Hornbach.

Dès-lors nous sommes débordés sur la rive gauche de la Queich. Mais l'armée du Rhin, appuyée aux deux positions de Bodenthal et de Notweiler qui ferment la vallée de la Lauter, reste en possession du cours de cette rivière, au moyen de quoi elle défend l'espace compris entre sa rive gauche et Landau.

Bondenthal est la clef de notre système défensif; la possession de ce point fortifié permettrait à l'ennemi de nous resserrer sur la Lauter, et de commencer l'investissement de Landau.

Wurmser l'attaque vivement, et s'en rend maître ainsi que du camp. Nous reprenons Notweiler; mais nous faisons une tentative infructueuse pour reprendre Pirmasens et Bondenthal.

Pendant un mois encore, nous restons sur la Lauter. Nos deux armées communiquent par Lembach, Bitch et Hornbach; mais Landau est complètement bloqué.

Enfin, les deux généraux coalisés se déterminent à un grand effort pour nous enlever cette dernière ligne, afin de se livrer en sécurité aux opérations du siège.

Brunswick inquiète l'armée de la Moselle vers Hombourg et Deux-Ponts; il attaque fortement et repousse sur Bitche le corps des Vosges; puis, s'élançant dans l'intervalle qu'il vient d'ouvrir, il part de Pirmasens en passant entre Bitche et Lembach, et se jette en arrière de l'armée du Rhin.

Pendant ce temps, Wurmser fait passer le Rhin à Seltz par le prince de Waldeck; il le suit sur la rive gauche, et tombe avec impétuosité sur notre front. Nous repoussons Waldeck; mais le passage est forcé à Lauterbourg et Saint-Remi. Enfin la présence de Brunswick derrière notre gauche nous décide à la retraite.

Wurmser nous poursuit jusqu'aux bords de la Zorn, où nous nous reformons. Brunswick se porte sur le fort de Bitche; mais il ne peut s'emparer de cette position capitale.

Cependant Hoche et Pichegru accourent se mettre à la tête de nos deux armées. Malgré la saison avancée, ils entreprennent de faire lever le siège de Landau.

Pichegru et l'armée du Rhin resserrent sur la Moder les Impériaux, qui s'y retranchent depuis Nieder-Broun jusqu'à Drusenheim. En même temps Hoche fait remonter au nord l'armée de la Moselle, espérant surprendre sur les derrières de l'ennemi, vers Kaiserslautern, les passages des Vosges, et descendre sur Landau en tournant toutes les positions des assiégeans.

Sa gauche se rend de Sarrelouis à Hombourg pas Tholet; le centre et la droite marchent concentriquement de Sarrebruck et Sarguemines sur Blicastel. Là, ils rencontrent un corps prussien qu'ils mettent en déroute. Ils battent encore à Deux-Ponts une colonne ennemie, et la replient sur Kaiserslautern, où Brunswick, averti du mouvement de Hoche, vient se concentrer, tandis que Hohenloe flanque sa marche en se portant à Hochstadt.

Nous attaquons les positions des Prussiens de front à Kaiserslautern, et par le flanc à Otterbach et Otterberg; mais toute leur armée est réunie, nous sommes battus et ramenés sur la Sarre après trois jours de combat.

Cependant Brunswick a été contraint de retrograder, et sa victoire lui fait commettre la faute de regarder la campagne comme terminée. Il reste cantonné autour de Kaiserslautern et Hochstadt, il nous laisse occuper Pirmasens et Deux-Ponts.

Hoche profite de son inaction, et tire du revers qu'il vient d'éprouver le même résultat que lui eût donné un succès complet.

Les passages ne sont plus surveillés entre Pirmasens et Bitche; il fait ses dispositions pour y pénétrer.

La division de droite descend de Bitche jusqu'à la hauteur de Reichs-Hoffen, afin de rouvrir la communication avec la gauche de Pichegru.

Le général prend ensuite le même chemin flanqué à gauche par un corps nombreux, qui s'avance par la route de Lembach, et doit prendre part à son attaque tout en observant Hohenloe.

Les mouvements sont masqués par les démonstrations de la gauche qu'il laisse à Hornbach et Deux-Ponts.

Le général autrichien Hotze, posté à la droite de Wurmser, faisant face à la Moder depuis Neider-Bronn jusqu'à Gonders-Hoffen, abandonne ce premier poste, et présente son front à Hoche en se déployant sur une ligne retranchée depuis Reichs-Hoffen jusqu'à Werdt.

Wurmser, tenu en échec par Pichegru, ne peut le soutenir. Hoche enlève sa position; et sa déroute devient complète, lorsqu'il voit notre gauche déboucher derrière sa droite par Lembach. Wurmser, pris à revers, se retire précipitamment au-delà de la Lauter. Les deux armées françaises font leur jonction à Seltz.

Hoche prend le commandement général, et ordonne l'attaque sur toute la Lauter, espérant y arriver avant les Prussiens.

Mais Brunswick s'y est déjà rendu; les généraux coalisés se sont aussi ébranlés pour reprendre l'offensive.

Les quatre armées se rencontrent en avant de la Lauter. L'ennemi est battu. Nous emportons Lauterbourg, Wissembourg; et notre gauche, tournant les Prussiens par Bondenthal, rend leur retraite difficile. Ils se replient par Bergzabern, laissant en arrière, sur leur droite, des divisions qu'ils ne peuvent recueillir qu'à Neustadt et Durckeim.

Les impériaux passent la Queich à Gemersheim, et le Rhin à Philisbourg. Landau est débloqué. Nous poursuivons les Prussiens jusque sous les murs de Mayence.

Telle est la fin de la mémorable année 1793.

A l'intérieur, la dictature proposée depuis long-temps comme ressort politique, et repoussée par les organes réguliers de la souveraineté populaire, s'est établie au moyen de l'insurrection, et a été maintenue par le plus grand nombre comme moyen de guerre et de salut public. La crise a été grande, terrible; toutes les opinions se sont débattues les armes à la main. La France, en réprouvant les dictateurs qui seront punis plus tard du pouvoir qu'elle leur abandonne, se livre à eux pour repousser l'étranger, et réprimer les soulèvemens intérieurs. Ce conflit développe d'immenses ressources militaires, qui serviront dans les campagnes suivantes à vaincre la coalition et la Vendée.

SECONDE CARTE.

CAMPAGNES DE 1794 ET 1795.

L'armée du Nord, commandée par Pichegru, est répartie dans les camps de Dunkerque, de Lille, de Bouchain, de Guise et de Maubeuge; elle compte 120,000 combattans.

Charbonnier, à la tête de 20,000 hommes, formant l'armée des Ardennes, manœuvre sur la Sambre, vers Charleroy, en s'appuyant à Philippeville et Givet.

Jourdan a sous ses ordres l'armée de la Moselle, forte de 50,000 hommes, cantonnée de Longwy à Kaiserslautern.

Enfin, Michaud, avec 60,000 hommes, se déploie sur le Rhin et la Queich. Total 250,000 hommes.

Les coalisés ont sur la rive droite du Rhin 50,000 hommes commandés par Albert de Saxe-Teschen; Hohenloe est à Manheim avec 16,000 hommes. 50,000 Prussiens, commandés par Mollendorf, couvrent Mayence; l'électorat de Trèves est gardé par 15,000 hommes aux ordres de Blankenstein. Beaulieu, à la tête de 20,000 Impériaux, est à Namur; Cobourg, York et le prince d'Orange, sont concentrés entre la Sambre et l'Escaut avec 130,000 combattans, et enfin Clairfayt, flanquant leur droite, s'étend, avec 30,000 hommes, de Tournay à la Lys, et observe la Flandre maritime. Total 311,000 hommes.

Cobourg ouvre la campagne le 17 avril et s'avance sur Landrecies. Cette place est située sur la rive droite de la Sambre. Il n'a de ce côté aucun appui; il y supplée par un immense déploiement de forces.

Il prend position dans la forêt de Nouvion et sur l'Helpe. Le duc d'York occupe le Cateau-Cambresis. Leurs postes sont établis à Troisvilles, Catillon, Nouvion, Fontenelle et la Capelle, interceptant les routes de Cambray, Guise et Avesnes, et complétant l'investissement de la place. De plus, le prince de Kaunitz a été détaché avec 25,000 hommes, en arrière de Maubeuge, pour faire diversion sur notre droite, et contenir l'armée des Ardennes; il a passé la Sambre à Merbes, et il coupe la route de Philippeville, entre Beaumont et Boussus."

Les troupes françaises sortent de leurs quartiers, et cherchent d'abord à rétablir les communications entre les différens corps dont elles se composent. Leurs premières tentatives ne sont pas heureuses; elles sont battues sur les routes de Bouchain et de Guise; elles reprennent cependant la Capelle, qui lie leur centre à leur droite.

Une seconde attaque n'obtient encore qu'un succès partiel : Kaunitz est rejeté par l'armée des Ardennes au-delà de la Sambre; mais les troupes sorties de Bouchain et de Guise sont défaites à Troisvilles et Catillon; celles de Maubeuge ne peuvent dépasser Avesnes.

Landrecies capitule; mais la base qui a paru suffisante l'année précédente pour faire une pointe sur Paris, n'est plus réputée assez solide; d'ailleurs, elle n'est pas complète, puisque Maubeuge n'a pu être assiégé.

Cobourg ne peut s'aventurer dans l'intérieur, en laissant sur ses ailes deux armées assez fortes pour envahir la Belgique et lui fermer la retraite.

Pendant le siège de Landrecies, au moment même où nos camps de Guise, Maubeuge et Bouchain s'efforçaient de dégager la place, Pichegru a tenté une diversion à droite : il a d'abord attiré Clairfayt sur l'Escaut au moyen d'une démonstration sur Denain. Pendant ce temps, Souham, débouchant de Lille par Turcoing et Mouscron, s'est emparé de Courtray, et Moreau s'est porté sur Menin par les deux rives de la Lys.

Clairfayt, en revenant sur ses pas, s'est fait battre à Mouscron par Souham. L'extrême gauche de l'armée française a pris Furnes, et commencé le siège d'Ypres. Enfin, la garnison de Menin s'étant retirée à Bruges, Moreau a occupé cette ville.

D'un autre côté, l'aile droite, ayant fait sa jonction sous les murs de Maubeuge avec l'armée des Ardennes, menace de passer la Sambre.

Landrecies prise, Pichegru distribue sur ses ailes les troupes du centre; celles du camp de César sont transportées à Lille; Maubeuge reçoit les corps du camp de Guise; deux divisions seulement restent en observation sur l'Oise.

Cobourg est donc trop vivement inquiété sur ses flancs pour se porter en avant. C'est vers l'Escaut et la Lys que le danger est le plus pressant; il s'y rend avec le duc d'York,

20 avril.

26.

30.

26.

28.

en donnant au prince d'Orange la mission de renforcer Kaunitz et de contenir les Français sur la rive droite de la Sambre.

Cobourg et York se concentrent autour de Tournay, à Cysoing, Lamin et Marquin. Cependant Clairfayt a été rejeté sur Deynse et Thielt, après avoir fait une tentative inutile pour arrêter Moreau à Courtray.

Bataille de Turcoing. 18.

Moreau et Souham manœuvrent, en descendant la Lys, dans l'intention de couvrir le siège d'Ypres. Les autres divisions de l'armée française sont en avant de Lille sous les ordres de Bonnaud.

Les coalisés tentent d'enlever le corps de siège ; Clairfayt passe par Rousselaer, et traverse la Lys à Werwick, tandis que le centre et la droite de l'armée principale se portent au-devant de lui par les routes de Turcoing et Roubaix, et que la gauche attire Bonnaud du côté de Sainghin.

Par cette manœuvre, Cobourg et Clairfayt doivent faire leur jonction sur la route de Menin à Lille, couper en deux notre armée, anéantir Moreau et Souham, et se rabattre sur Lille.

Mais ce plan échoue complètement. Moreau, ayant suivi les mouvemens de Clairfayt, l'arrête d'abord à Werwick, puis à Linselles. La gauche de Cobourg reste dans l'inaction, trompée par les manœuvres d'un détachement qui a été poussé sur Flers, et croyant avoir réussi à donner le change à Bonnaud.

Pendant ce temps, Souham, venant de Menin, et Bonnaud, parti de Lille, ayant communiqué par la route que l'ennemi cherche à intercepter, tombent en masse sur York et Cobourg à Turcoing et Roubaix ; ils les mettent en déroute, et les forcent à reprendre leurs positions sous Tournay. Clairfayt repasse la Lys et retourne à Thielt.

Combat de Pont-à-Chin. 22.

Sur ces entrefaites, Pichegru vient se mettre à la tête de l'armée, il ordonne l'attaque des lignes en avant de Tournay ; mais, après avoir couvert un moment l'Escaut vers le pont du château de Chin, il finit par être repoussé. Il cherche inutilement, à la suite de cet échec, à attirer sur Orchies les généraux ennemis.

10 juin.

Toutefois le siège d'Ypres se poursuit. L'armée s'étend de Menin à Rousselaere, et l'investissement de cette place est complet. Cependant nos manœuvres sur la Sambre ont trop sérieusement attiré l'attention de Cobourg, pour qu'il puisse tenter un grand effort afin de dégager Ypres.

Premier passage de la Sambre. 10 mai.

L'armée des Ardennes, jointe à la droite de Pichegru et à deux divisions de son centre, a franchi la Sambre à Merbes et à Thuin ; elle cherche à se porter à Binch et Fontaine, dans le but de commencer l'investissement de Charleroy.

Combat de Grandreugt. 13 mai.

Mais Orange et Kaunitz les battent à Grandreugt et les forcent de regagner la rive droite. Ce combat a été assez vif pour engager Cobourg à se tenir en observation au centre, en envoyant 20,000 hommes de renfort à sa gauche et une division à Clairfayt, à qui il prescrit de troubler le siège d'Ypres.

Combat d'Hooglide. 13 juin. Prise d'Ypres. 18.

Clairfayt vient nous attaquer à Rousselaere et Hooglide ; il est battu et contraint à rentrer dans son camp de Thielt. Ypres, n'espérant plus alors être efficacement secouru, se rend à discrétion.

Deuxième passage

Cependant notre droite a encore passé la Sambre à Thuin et Merbes ; battue de nouveau à Grandreugt, elle s'est néanmoins d'abord maintenue sur la rive gauche. Mais en s'étendant trop du côté de Charleroy, elle s'est fait battre encore. Elle a été obligée de regagner la rive droite.

de la Sambre 20 mai Deuxième combat de Grandreugt. 21. 24.

Elle se porte à Marchiennes par Walcourt, et après plusieurs jours de combat force le passage et investit Charleroy.

Troisième passage de la Sambre 26 à 29 Combat devant Charleroy 1 et 2 juin. 3.

Mais les renforts envoyés par Cobourg entrant en ligne, la contraignent encore une fois à repasser la rivière.

C'est à ce moment que les événemens prennent sur la Sambre un caractère décisif. Jourdan débouche à la tête de 40,000 hommes.

Il a été appelé, comme on a vu, au commandement de l'armée de la Moselle, et s'est étendu depuis Longwy jusqu'à Kaiserslautern, observant à la fois Mollendorf et Beaulieu.

Les coalisés ont renoncé à prendre Landau. Les Prussiens se contentent de couvrir Mayence ; Hohenloe est campé à Mauduch en avant de la tête de pont de Manheim. L'armée du Rhin borde le Spirebach, se liant par Frankenstein à l'armée de la Moselle : deux divisions éclairent le cours du Rhin, qu'Albert de Saxe n'a point franchi.

On se tient de part et d'autre sur la défensive en attendant le dénouement des opérations en Flandre. La gauche seule de Jourdan a eu un léger engagement ; profitant d'un mouvement de Beaulieu sur Luxembourg, elle a enlevé les positions d'Arlon et séparé le général autrichien de l'armée de Cobourg ; mais Beaulieu nous a ramenés sur Longwy, et de peur d'être encore une fois coupé de Namur, il s'est porté à Bouillon.

Prise d'Arlon 16 avril

Jourdan, devenu libre par l'inaction des coalisés vers le Rhin, s'est mis en marche vers la Sambre, laissant sa droite à Kaiserslautern, sous les ordres de Moreau.

29. 19 mai 21.

Les colonnes de Jourdan chassent Beaulieu de Bouillon et de Neuf-Château, et sont sur le point de le tourner par Marche ; il se retire précipitamment à Dinant, d'où Lefebvre le replie sur Namur. Là il passe la Sambre, et va prendre à Fleurus la gauche de l'armée principale, pendant que Jourdan, poursuivant sa marche, fait sa jonction avec les corps qui viennent d'être rejetés à la rive droite. Un grand conseil de guerre se réunit : représentans et généraux s'accordent à considérer la prise de Charleroy comme une opération indispensable pour se rendre maître du cours de la Sambre, et assurer celles qu'on veut tenter sur la rive gauche. Comme on ne peut risquer le passage qu'avec des forces imposantes, on réunit les quatre divisions de la Moselle avec deux divisions de l'armée du Nord, et avec cette masse, qui doit bientôt prendre le nom d'armée de Sambre-et-Meuse, on tente un nouveau passage et on s'établit autour de Charleroy. On occupe à gauche Trasignies et Forchies, au centre Gosselies, à droite Fleurus et Lambusart, couvrant ainsi toutes les routes qui aboutissent à la ville.

23. 27 29 3 juin

Quatrième passage de la Sambre 12

Le prince d'Orange, Kaunitz et Beaulieu attaquent ces positions, où nous ne sommes pas encore affermis. Un combat opiniâtre s'engage au milieu d'un épais brouillard qui nous dérobe la force, les mouvemens de l'ennemi. Kléber réussit néanmoins à culbuter son aile droite. Le centre avait obtenu des succès. La cavalerie, commandée par le général Dubois, avait enlevé une batterie. Jourdan se croyait vainqueur, lorsqu'il apprit que l'aile droite avait repassé la Sambre.

Deuxième combat devant Charleroy 18

Cinquième passage de la Sambre

Il fut obligé de suivre le mouvement. Il regagna les positions d'où il était parti. L'armée et les représentans étaient impatiens de prendre leur revanche. On repassa la Sambre, on s'établit dès le lendemain autour de Charleroy qui ouvrit ses portes.

Les coalisés, qui s'étaient déjà éloignés et avaient appelé à eux Cobourg avec le gros de l'armée impériale, accourent au secours de la place. On ne tarde pas à en venir aux mains. Notre centre est retranché à Gosselies et Hespignies, notre droite occupe Fleurus et Vantersee, notre gauche est rangée derrière le Piéton jusqu'à la hauteur de Gosselies, nos avant-postes occupent Trasegnies, Forchies, Frasnes et Millet. Ces derniers points nous sont d'abord enlevés, puis l'ennemi pénètre par ses ailes, à notre gauche vers Forchies jusqu'à la hauteur de Marchiennes, et à droite jusqu'à Lambusart, où se livre un combat acharné. Nous finissons par reprendre nos positions, et Cobourg, ayant vu pendant la bataille le drapeau tricolore flotter sur les murs de Charleroy, renonce à nous attaquer de nouveau.

Il se retire dans toutes les directions; sa ligne passe par Sombref, les Quatre-Bras, Nivelles, Rœlz et Mons, par où il communique avec le corps anglais.

De Sombref à Nivelles, nous nous bornons à l'observer, et le gros de nos forces se porte contre sa droite, que nous voulons séparer du duc d'York.

Nous enlevons Mons; le prince d'Orange, battu à Rœlz, se retire jusqu'à Halle. Jourdan espère retrouver à sa gauche l'armée de Pichegru. Mais celui-ci, qui, après avoir enlevé Deynse à Clairfayt, s'était en effet rendu à Oudenarde, est retourné au-delà de la Lys dans la Flandre maritime.

Ce mouvement a replié Clairfayt sur Alost, York l'a suivi en se rendant de Tournay à Ninove. C'est donc l'armée ennemie qui va se trouver réunie autour de Bruxelles.

Jourdan n'a pas un moment à perdre. Ne voulant pas laisser à cette ligne le temps de s'affermir, il s'ébranle pour la rompre, et s'avance sur le centre de Cobourg, qui s'est établi à Nivelles.

Mais déjà cette ville est évacuée. Les Hollandais, vivement poussés par la gauche de Jourdan, ont abandonné Halle, laissant à découvert le flanc droit de Cobourg, qui s'est retiré par Mont-Saint-Jean dans la direction de Louvain, et a été relevé au débouché de la forêt de Soignies par le prince d'Orange, à qui il prescrit de couvrir la route de Bruxelles.

Nous tombons sur le prince à Mont-Saint-Jean, en débouchant à la fois de Nivelles et Genappe. Cette position lui est enlevée; il se retire à Bruxelles par le défilé de la forêt de Soignies. D'un autre côté, Beaulieu a été repoussé, d'abord de Sombref, puis de Gembloux; il fait sa retraite sur Tirlemont.

Cobourg ne peut plus espérer de se former en avant de Bruxelles; il va se rallier à Louvain. York rejoint à Bruxelles le prince d'Orange, tous deux gagnent Malines; Clairfayt se croise avec eux, afin de prendre à Louvain la droite de Cobourg.

Jourdan fait son entrée à Bruxelles; Pichegru y arrive aussi par Gand et Alost : nos deux armées ont opéré leur jonction.

Celles des coalisés n'ont pas le temps d'ouvrir entre elles des communications. Le duc d'York cherche à s'étendre le long du canal de Louvain, où il croit trouver la droite de Cobourg. Mais Kléber a repoussé les Impériaux jusqu'à Tirlemont, et Pichegru, faisant occuper vivement Malines, coupe du corps principal la gauche de l'armée anglaise, qui se retire par Hereuthals et Turnhout à Breda, où York va les rallier.

Jourdan poursuit Cobourg sans relâche; sa gauche, commandée par Kléber, suit la chaussée de Saint-Troa; lui-même marche rapidement sur Liège par Jodoigne; sa droite chasse les Impériaux de Namur, leur enlève Huy et se dirige aussi sur Liège.

Cette dernière ville tombe en notre pouvoir. Cobourg repasse la Meuse à Maëstricht; il s'établit à la droite de Liège, sur la Meuse jusqu'à Ruremonde, et au-dessus de Liège, sur l'Ourthe et l'Aiwoylle, jusqu'à Durbuy et Sprimont. Il espère se lier sa droite avec le duc d'York. Il a 60 à 80,000 hommes sous sa main; il est couvert par une profonde rivière; Jourdan n'ose tenter le passage devant une telle masse de forces et les obstacles qui les protègent.

L'ennemi est d'ailleurs toujours en possession de Landrecies, du Quesnoy, de Condé, de Valenciennes; le comité veut que l'armée assure ses derrières avant de pousser plus avant. Charbonnier était en observation devant les places envahies. Scherer va prendre ses troupes, et signifie aux garnisons autrichiennes le décret de la Convention nationale, qui prescrit de les passer par les armes si elles ne rendent les places qu'elles occupent, dans les vingt-quatre heures qui suivront la sommation. Landrecies obéit, mais le Quesnoy résiste, et pendant que Moreau enlève Ostende, qu'il prend Nieuport, l'île Cathsand, l'Ecluse, Scherer se rend maître du Quesnoy, de Valenciennes et de Condé. Nos derrières sont dès-lors assurés, le mouvement recommence. Clairfayt a succédé au prince de Cobourg. On se dispose à le chercher. Les généraux ennemis qui combattent à l'est sortent aussi de leur inaction. Mollendorf fait une démonstration sur Sarrelouis et Hombourg par Cussel, au moyen de quoi il force Moreau à s'étendre, tandis que ses deux colonnes principales passent par Cussel et Frankenstein pour tomber sur Kaiserslautern, et les Impériaux d'Hohenloe, sortant du camp de Maudach, nous attaquent sur le Spierbach.

Nous nous heurtons contre ces derniers à Schifferstadt; ils sont battus, et repliés dans leur camp. Mais Mollendorf, ayant donné le change au général de l'armée de la Moselle, enveloppe à Kaiserslautern sa division de droite, qui est en partie détruite, et dont les débris se dispersent sur les routes de Neustadt et de Pirmasens.

L'ennemi occupe Kaiserslautern et Lansdsthul, et menace ainsi à revers la gauche de l'armée du Rhin, qui est obligée de quitter les bords de la Spire, et de s'établir sur la Queich. Nous sommes donc ramenés sur notre frontière dans les lignes de Wissembourg. Les Impériaux profitent de notre éloignement pour s'étendre au-delà du Rhin; la droite d'Albert de Saxe passe le pont de Mayence, afin de renforcer Hohenloe, qui s'établit à Neustadt et Edikoffen.

Cependant l'ennemi ne juge point à propos de nous attaquer, et l'armée de la Moselle ayant reçu des renforts, nous sommes bientôt en état de reprendre l'offensive,

De Tirlemont. 13.
Malines. 17.

Namur, Huy. 17-19

Liège. 27.

Prise d'Ostende. 1 juin.
Nieuport. 19.
De Cathsand. 28.
Landrecies. 19 juillet.
Quesnoy. 12 août.
Valenciennes. 20.
Condé. 29.

Combat de Schifferstadt. 23 mai.

L'armée du Rhin manœuvre d'abord en s'appuyant au fleuve, dans le but d'en détacher les Impériaux et de les forcer à rétrograder en menaçant leur gauche. Mais ils la repoussent à Schwegenheim et la refoulent au-delà de la Queich.

Nous attaquons de nouveau. Mais cette fois nos deux armées opèrent concentriquement sur Kaiserslautern ; l'armée du Rhin, par Edikoffen et Neustadt ; celle de la Moselle, par Landsthul et Tripstadt.

Tripstadt est enlevé, l'armée du Rhin perce jusqu'à Neustadt et Muschbach. Mollendorf, à découvert par sa gauche, quitte Kaiserslautern et se retire par Goelheim et Frankenthal ; les Impériaux regagnent Maudach. Nous reprenons nos premières positions.

15,000 hommes venant de la Vendée, arrivent à l'armée de la Moselle. Moreau laisse, comme Jourdan l'a fait précédemment, sa droite à Kaiserslautern, et part avec son centre et sa gauche pour lier ses opérations avec celles de l'armée de Sambre-et-Meuse.

Il fait observer Luxembourg à gauche, puis descend en trois colonnes par les deux rives de la Sarre, et la rive gauche de la Moselle, se dirigeant sur Trèves. Remich, Grevenmachcren, Corez et Pellingen sont rapidement occupés. Blankenstein nous abandonne Trèves et bat en retraite jusqu'à Kaiserlech.

Clairfayt, inquiet de ce mouvement sur sa gauche, dont l'effet pouvait être de le forcer à repasser le Rhin, renforce de deux divisions le corps fugitif et donne le commandement à Mélas, qui s'établit à Valich et Traerbach, et tient Moreau en échec autour de Trèves.

Mollendorf, comme au départ de Jourdan, nous a encore attaqués ; il a fait venir Hohenloe à Goelheim et nous a tournés par Cussel, dans Kaiserslautern. Il occupe cette ville et Landsthul. Mais les succès de Jourdan nous rendent sur tous les points l'offensive.

Scherer a rejoint l'armée. On rentre en opérations.

Jourdan oppose à la droite de Clairfayt, qui s'étend de Liége à Ruremonde, sa gauche, à laquelle il prescrit de rester sur la défensive. En même temps, il dispose à Liége une forte colonne destinée à déboucher sur le front de l'ennemi, et imprime à tout ce qu'il a de troupes à la droite de Liége, un mouvement de conversion dont l'effet doit être de les porter au-delà de l'Ourthe et de l'Aiwaylle, jusqu'à la chaussée d'Aix-la-Chapelle. Sa droite, conduite par Scherer, repousse d'abord les avant-postes de Latour qui commande la gauche des Impériaux, au-delà de l'Aiwaylle. Elle force ensuite le passage de cette rivière et marche contre les hauteurs de Sprimont, où le général ennemi a formé sa ligne. L'attaque est soutenue par un fort détachement qui, ayant passé l'Ourthe à Esneux, s'élance contre le flanc droit de Latour. Celui-ci est forcé de se replier à Hervé. Clairfayt découvert à gauche par sa retraite, et poussé pied à pied par notre centre, se dirige précipitamment vers le même point. Blankenstein cherche à s'opposer à la jonction des deux généraux ennemis en marchant sur Hervé ; mais ils nous y préviennent, et leur armée se retire par Aix-la-Chapelle sur la Roer, où Clairfayt rallie sa droite.

Forcé sur l'Aiwaylle, Clairfayt se reforme derrière la Roer ;

il retranche son centre à Aldenhoven, en avant de Juliers, place sa droite à Limnich et Rattheim, et sa gauche, aux ordres de Latour, à Ducren.

Jourdan, parvenu à Aix-la-Chapelle, fait ses dispositions d'attaque. Kléber avec l'aile gauche marche sur Randrath. Lefebvre se porte avec l'avant-garde sur Limnich. Jourdan se charge d'enlever Aldenhoven, et Scherer doit tomber à Dueren sur les Impériaux de Latour.

Kléber renverse l'ennemi à Rattheim et force le passage de la Roer. Lefebvre emporte Limnich avec le même succès, mais il est retenu sur la rive gauche par l'incendie du pont. Jourdan replie Clairfayt dans Juliers. Il reste aussi sur la rive gauche.

Cependant Scherer n'a point encore donné ; sa division de droite ne peut déboucher des bois de Buckau ; toute l'économie de l'attaque est dérangée. L'ennemi, concentré sur le plateau de Dueren, ouvre un feu violent sur les deux autres. Elles le supportent avec courage. La colonne si long-temps attendue paraît enfin, et va se déployer sur les flancs des Impériaux. Ceux-ci n'osent tenter la fortune. La nuit tombait, ils profitent de la circonstance pour s'éloigner. Clairfayt imite la réserve de son aile gauche. Au lieu de profiter de la séparation de nos corps d'armée, qui sont les uns en-deçà, les autres au-delà de la Roer, il abandonne Juliers.

Les Impériaux repassent le Rhin à Dusseldorf, Cologne et Bonn. Leur retraite entraîne celle de Mélas, qui l'opère par les routes de Coblentz et Andernach, suivi de l'armée de la Moselle. Parvenu à Andernach, il se heurte contre Marceau, qui le replie dans Coblentz. Après une courte résistance, il est rejeté au-delà du Rhin. L'aile gauche fait une marche en arrière, et vient mettre le siège devant Maëstricht, qui après une belle défense ouvre ses portes le 4 novembre.

Mollendorf, à qui nous avons déjà enlevé Kaiserslautern, se porte à Kreutznach de peur d'être pris à revers par Moreau ; il traverse le Rhin à Bingen.

Enfin l'armée du Rhin, sortant des lignes de Spirebach, s'avance par la route de Frankenthal. Elle enveloppe dans sa marche Hohenloe, qui est resté à Goelheim, et qui s'ouvre difficilement un passage pour regagner le pont de Manheim. Nos trois armées se donnent la main sur la rive gauche du Rhin, et se déploient de Spire à la hauteur de Dusseldorf.

La conquête de la Hollande achève dignement cette année de victoires.

Nous avons laissé le duc d'York et le prince d'Orange autour de Breda, couvrant la route d'Amsterdam, tandis que Pichegru attend à Anvers le retour de son aile gauche qu'il a chargée de faire tomber les places fortes de la Flandre maritime.

Lorsqu'elle rentre en ligne, il se porte à Turnhout dans le but de forcer les généraux ennemis à prononcer leur mouvement. York, déterminé à se lier avec Clairfayt, dirige l'armée anglaise à Bois-le-Duc et cherche à s'entendre entre la Dommel et l'Aa, pour donner la main aux Impériaux par Ruremonde. Le prince d'Orange s'établit à Gorcum, il occupe Breda et la rive droite de la Merk.

Pichegru fait observer par une division ce dernier général,

qui a pris une position défensive, et lance à la suite des Anglais le reste de son armée, manœuvrant toujours de manière à déborder leur gauche et à s'opposer à leur jonction avec les Impériaux.

York, battu à Boxtel sur la Dommel, puis aux bords de l'Aa, et constamment rejeté au nord, est forcé de prendre la route de Grave et ne peut s'asseoir sur la Meuse qu'à Mork, à quinze lieues de Ruremonde.

Dans sa retraite, il laisse Bois-le-Duc à découvert. Au moyen de la possession de cette ville, nous devons compléter, en-deçà de la Meuse, la séparation des Anglais et des Hollandais; elle est investie, Pichegru enlève les forts de Crèvecœur et Saint-André, afin d'empêcher le prince d'Orange de déboucher de l'île de Bommel; Heusden est observé, et deux divisions dans la direction de Grave et de Venloo paralysent le duc d'York.

Les deux princes ne font aucun effort pour dégager Bois-le-Duc, qui se rend par capitulation. Pendant ce temps, Clairfayt a quitté les bords de la Meuse et repassé le Rhin, ce fleuve étant devenu l'appui de la ligne ennemie. Le duc d'York se retire à Nimègue et se concentre en avant de la ville; là, il demande des renforts à l'armée autrichienne, dans le but de nous contenir en-deçà de la Meuse, et de conserver le débouché de Nimègue par lequel l'armée de Sambre-et-Meuse est menacée à revers.

Mais la rapidité de notre marche prévient l'exécution de ces mesures. Notre droite, sous les ordres de Souham, passe sans obstacle la Meuse à Tefelen, et après s'être emparée du pont de Thiel, tombe brusquement sur l'ennemi qui s'est retranché de Drutten à Appeltern, derrière le canal d'Oudewateringue. Nos soldats se jettent dans le canal, gravissent les retranchemens, y pénètrent de toutes parts, et mettent en fuite le duc d'York qui se retire derrière le Wahal, en laissant Walmoden en avant de Nimègue. A l'approche de Souham, Walmoden se porte au devant des renforts promis par Clairfayt. Moreau, qui vient de faire capituler Venloo, le poursuit et prend position à Schenk pour prévenir son retour : il est soutenu par Vandamme, qui marche par Clèves sur Wesel afin de tenir tête aux Impériaux, qu'il empêche en effet de déboucher de ce côté du Rhin.

Cependant Souham serre de près Nimègue. Cette ville n'est plus défendue que par sa garnison, soutenue par le duc d'York qui communique avec elle par les deux ponts du Wahal, un pont de bois et un pont volant.

Nos batteries rompent les ponts et tiennent les troupes d'York à une grande distance de la rive droite; la garnison, abandonnée à elle-même, rétablit en toute hâte le pont volant et nous cède la ville; nous nous élançons à sa poursuite sur le chemin chancelant qui lui sert de retraite; la plus grande partie est prise.

Pour être maître du cours du Wahal, Pichegru n'a plus qu'à s'emparer de l'île de Bommel formée par la Meuse et ce bras du Rhin. Il entreprend de l'enlever, mais malgré le succès d'une démonstration à Kokerdum, son attaque échoue.

Mais bientôt l'hiver rigoureux de 1794 nous porte un secours inespéré. Déjà la Meuse est entièrement gelée : nous pénétrons dans l'île par Saint-André, Empel et Crèvecœur;

l'ennemi partout mis en fuite se réfugie à Gorcum et Buren. Nous le poursuivons au-delà du Wahal, mais la glace n'est pas encore assez forte pour permettre le passage sur tous les points; les avant-gardes qui s'étaient aventurées sur la rive droite se replient sur l'autre.

Cependant une de nos brigades a traversé l'île de Bommel dans toute sa longueur et est venue prendre à revers par Texheyde les lignes de Breda, qui sont attaquées de front à Oudenbosch. Les Hollandais rompus se réfugient à Williemstadt et Gertruydenberg. En même temps, Grave capitule.

Le duc d'York étant retourné à Londres a laissé le commandement à Walmoden. Ce général se rapproche des Hollandais dans le but de nous disputer le passage de la Linge. Un renfort d'Autrichiens vient les appuyer en prenant position derrière le canal de Panerden.

Mais notre droite est aussi renforcée par deux divisions de l'armée de Sambre-et-Meuse, et le froid redoublant d'intensité, nous met en mesure de tenter une attaque générale.

Notre centre pousse d'abord sur Thiel une reconnaissance dont l'effet est de faire plier toute la ligne ennemie qui se reforme derrière le Leek; Walmoden veut cependant revenir sur ses pas, mais il se heurte partout contre nos colonnes qui ont passé près de Thiel, de Kokerdum et de Panerden.

Ce dernier mouvement amène la dislocation de l'armée coalisée. Les Impériaux retournent à Wesel; Walmoden et les Anglais gagnent le Hanovre par Dewinter et le comté de Bentheim; les troupes du stathouder se rendent à La Haye.

La droite de Pichegru prend position à Arnheim et sur le canal de Panerden, et un détachement poursuit Walmoden; le général en chef entre dans Amsterdam, où sa présence est le signal d'une révolution.

Bientôt nous nous répandons dans tout le pays; quelques escadrons lancés jusqu'au Helder s'emparent de la flotte engagée dans les glaces au mouillage du Texel.

Les princes de Nassau se sont embarqués pour l'Angleterre, une nouvelle forme de gouvernement s'établit en Hollande; cet état devient l'allié de la république.

Le roi de Prusse fait aussi sa paix à laquelle accèdent le landgrave de Hesse et l'électeur Palatin; ces princes s'obligent à la neutralité.

Nous n'avons plus à combattre que les Autrichiens et quelques princes allemands. Les Anglais ont perdu leur pied-à-terre sur le continent.

Rheinfels s'est rendue, il nous reste à prendre Luxembourg et Mayence. Les sièges de ces places sont l'objet de la campagne de 1795.

Luxembourg éloigné de tous secours, bloqué alternativement par les divisions de l'armée de la Moselle et de celle de Sambre-et-Meuse, se rend au mois de juin.

Mayence présente plus de difficultés. Maître de la rive gauche seulement, on ne peut songer à enlever la place, on ne veut que la resserrer, couvrir le Palatinat et empêcher l'ennemi de déboucher. Quatre divisions formant un commandement particulier dépendant de l'armée de Rhin-et-Moselle cernent la place et se retranchent en demi-cercle depuis Monbach jusqu'à Laubenheim : elles ne suffisent pas à un investissement complet, et laissent un intervalle entre Laubenheim et le Rhin.

Ce corps assiégeant est soutenu à droite par l'armée de Rhin-et-Moselle que commande Pichegru, et dont les cantonnemens s'étendent de Worms à Huningue; et à gauche, par l'armée de Sambre-et-Meuse sous les ordres de Jourdan, développée d'Essenberg à Bingen.

Sur la rive droite, les Impériaux nous opposent aussi deux armées. Wurmser observe le Rhin depuis la Suisse jusqu'au Necker, et Clairfayt se déploie à sa droite, depuis le Necker jusqu'à la Ruhr. Ce dernier général a réparti ses lieutenans entre les affluens du Rhin; le comte d'Erbach de la Ruhr à la Sieg; le prince de Wurtemberg, de la Sieg à la Lahn; Wartensleben au confluent de la Lahn; enfin de sa personne il est posté sur le Mein, faisant face à Mayence et éclairant Manheim et Coblentz.

Abusé par des projets, des espérances de paix, absorbé aussi par les embarras de l'intérieur, on songe à se tenir sur la défensive au nord, et à porter au midi toute la puissance de nos armes. On revient enfin de cette fâcheuse conception, on prend le parti d'investir Mayence, de pousser au loin les Impériaux et de l'assiéger; mais la saison est avancée, les apprêts de passage ne sont achevés que les premiers jours de septembre : l'armée de Sambre-et-Meuse franchit le Rhin le 6. La gauche, commandée par le général Kléber, prend terre à Eichel-Kampf et Urdingen. Elle replie le comte d'Erbach sur Rattingen et Eberfeld, pousse Championet sur Dusseldorf qui ouvre ses portes. Le centre de l'armée passe à Cologne.

D'Erbach se rallie derrière la Sieg, où le prince de Wurtemberg, qui occupait la plaine de Neuwied, va l'appuyer et cherche en vain à nous arrêter à Siegberg; ils sont battus et font leur retraite sur la Lahn, par Altenkirchen. Wartensleben remplace le prince de Wurtemberg sans être plus heureux. Il est obligé de repasser la Lahn et prend position à Nassau. Marceau passe alors à Neuwied mène la droite de Jourdan. Au lieu d'appuyer le mouvement, de passer le Necker avec toutes ses forces, Pichegru se borne à lancer au-delà de Manheim une avant-garde que les lieutenans de Clairfayt battent et jettent dans le Necker à Vlibingen.

Clairfayt profite de son inaction et marche contre Jourdan qui s'est avancé jusqu'au Mein. Les Impériaux manœuvrent de manière à tourner notre gauche, ils passent le Mein entre Francfort et Hanau et se concentrent à Bergen au-delà de la Nidda.

La Nidda coule parallèlement à la Haute-Lahn, dont elle n'est séparée que par une distance de douze lieues. Cette dernière rivière, après s'être dirigée perpendiculairement au Rhin, se replie sur elle-même au-dessus de Wetzlar et se rapproche de la Sieg, de telle sorte que le chemin est plus court pour arriver dans la vallée de la Sieg par le cours de la Haute-Lahn que par celui du Rhin.

Jourdan voyant Clairfayt remonter la Nidda, a donc lieu de craindre d'être débordé par sa gauche, à laquelle il prescrit un changement de front en la repliant sur Limbourg. Puis, inquiet de l'inaction de Pichegru qui, loin de le seconder, permet à Wurmser de renforcer Clairfayt, il

regagne lentement les ponts de Neuwied et Dusseldorf, et repasse le Rhin en conservant ces deux villes.

Clairfayt, au lieu de s'attacher à le poursuivre, revient sur Mayence, dans l'intention de profiter de l'éloignement de l'armée de Sambre-et-Meuse pour emporter nos lignes.

Sa droite fait sur Coblentz une forte démonstration tandis que Wurmser resserre dans Manheim l'armée de Rhin-et-Moselle; alors il débouche en personne de Mayence, et marche droit contre les retranchemens qui couvrent le front de nos quatre divisions, en lançant dans l'ouverture que leur droite a laissée vers le Rhin une formidable colonne. Cette manœuvre est secondée par une flottille qui remonte le fleuve et nous canonne par derrière.

Courtois commande la division de droite; attaqué de front, débordé sur son flanc et foudroyé à revers, il ne peut la maintenir; elle quitte sa position en désordre et se réfugie à Osernheim.

Vient ensuite Gouvion-Saint-Cyr, qui d'abord résiste vigoureusement; mais la fuite de Courtois le laissant sans appui, il se replie sur Alzey sans être entamé. Les deux autres divisions, entraînées par sa retraite, vont se reformer à Spisheim. Leur désordre se communique à un renfort que Jourdan leur a envoyé, et qui, n'étant pas encore entré en ligne, se disperse. Partie retourne à Stromberg, le reste se jette dans les rangs de l'armée de Rhin-et-Moselle.

Pichegru, laissant 12,000 hommes dans Manheim, se porte au-devant de ses divisions battues qu'il rallie en arrière de Pfrimm. Clairfayt suit avec circonspection le corps assiégeant, de peur d'être pris à revers par l'armée de Sambre-et-Meuse. Il se fait fortement flanquer sur la Nahe par le corps d'Hohenloe, après quoi il vient attaquer sur la Pfrimm la ligne que Pichegru a eu le temps de reformer, mais qu'il a trop étendue. Tandis que sa droite résiste à Pfedersheim et à Pifftigheim, les Impériaux tombent sur le centre, le dispersent, et coupent en deux l'armée qui bat en retraite jusqu'à Spirebach. Manheim, se trouvant isolé, est assiégée par Wurmser.

Cependant Jourdan tente une diversion sur la rive droite du Rhin. Clairfayt n'en est point troublé, ce général est plus inquiet des mouvemens de Marceau sur la Nahe. Hohenloe a été repoussé de Stromberg, nous sommes même entrés à Kreutznach; Clairfayt se voit forcé de ralentir sa marche et de s'affaiblir pour renforcer Hohenloe.

Sur ces entrefaites, Jourdan ayant rappelé le général Hatry en-deçà du Rhin, le range de Dusseldorf à Coblentz en confiant à Kléber la défense de cette dernière place, après quoi il ébranle le reste de son armée pour secourir Manheim.

Sa droite, commandée par Marceau, enlève Kirn sur la Nahe, puis Messenheim et Lauterechen sur la rive droite de la Glane.

La gauche replie les Impériaux dans Bingen, et lui-même avec le centre s'empare de Kreutznach. Cette ville lui est vivement disputée. L'ennemi la reprend; mais nous en restons définitivement maîtres.

Manheim s'est rendue. Wurmser, débouchant du Rhin, suffit à contenir l'armée battue de Pichegru. Clairfayt entièrement disponible marche contre l'armée de Sambre-et-

Meuse avec l'intention de la déborder par la droite, de se porter vivement à Trauerbach et de l'acculer dans l'angle formé par la Moselle et le Rhin, tandis qu'au sommet de cet angle Kléber est fortement pressé par le prince de Wurtemberg.

Clairfayt tombant brusquement sur Marceau, le déposte des rives de la Glane et le refoule dans Kirn; il le pousse ensuite jusqu'à Monzenfeld. Mais Jourdan ayant rangé ses réserves au-delà de la Moselle, de Trèves à Traerbach, de manière à déjouer le projet de Clairfayt, renforce Marceau, qui reprend aussitôt l'attaque, bat les Impériaux à Spitzhausen et Saltzbach, et s'établit de nouveau sur la Nahe.

Une trève met fin à ces combats.

La campagne de 1795 s'est ressentie de la situation intérieure. Le gouvernement dictatorial n'existe plus. Ce pouvoir inouï installé par l'insurrection, maintenu par l'assentiment du pays à la seule condition de le sauver, n'eût point appartenu à la nature humaine s'il n'eût dépassé son but. Il ne pouvait d'ailleurs être exercé que par des sectaires enthousiastes, et, selon leurs idées, le salut public était inséparable d'une entière régénération sociale. Ils ont donc frappé, comme complices de l'étranger et avec toute l'inflexibilité des lois militaires, leurs ennemis politiques. Mais ils marchaient isolés dans cette voie de réformation violente, et la seule force dont ils pussent disposer, la force d'opinion qu'ils tenaient du danger commun, devait leur échapper quand le danger s'éloignerait. Aussi sont-ils tombés d'eux-mêmes au moment de nos succès, laissant la carrière ouverte au ressentiment de tous les partis vaincus. Par un retour inévitable, la réaction devait aller trop loin et s'en prendre à la révolution elle-même.

C'est avec cette tendance réactionnaire que le gouvernement a été aux prises durant la campagne qui vient de s'écouler.

Mais la révolution est consommée. L'agression de l'Europe l'a identifiée chez un grand peuple avec le patriotisme. Le déplacement de la propriété lui a donné une consistance matérielle. Enfin la part que la multitude a prise aux affaires a fait passer dans les mœurs ce qui d'abord n'existait qu'en théorie dans quelques têtes.

Le résultat de cette dernière crise doit être de transporter le maniement des affaires où est la force réelle, en faisant tomber le gouvernement dans l'armée.

TROISIÈME CARTE.

CAMPAGNES DE 1793 ET 1794.

PYRÉNÉES OCCIDENTALES.

1793.
L'Espagne ne déclare la guerre qu'après la mort de Louis XVI; elle n'a pu mettre sur pied plus de 45,000 hommes. 25,000 sont en Catalogne; 5,000 gardent l'Aragon; 15,000 se rangent sur la Bidassoa. Nous n'avons de ce côté qu'un pareil nombre de combattans.

Pendant plusieurs mois, on s'observe de part et d'autre sans rien entreprendre; enfin les Espagnols passent la Bidassoa. Mais ils sont bientôt repoussés, et l'on reste encore long-temps stationnaire.

1794.
La grande crise de 1793 a de toutes parts fait surgir des soldats. Moncey, appelé au commandement de l'armée, est bientôt en état de prendre l'offensive; il passe la Bidassoa, se rend maître de la vallée de Bastan et enlève Fontarabie. Ses troupes s'étendent sur les routes de la Biscaye, des Castilles et de la Navarre. Elles s'emparent de Saint-Sébastien et marchent sur Bilbao, Vittoria et Pampelune.

1795.
L'hiver arrête leurs progrès, et une épidémie cruelle, en éclaircissant leurs rangs, les réduit encore à l'inaction. Mais enfin la campagne s'ouvre d'une manière brillante; Bilbao est pris, Pampelune assiégé, l'ennemi battu à Vittoria; Moncey se prépare à franchir l'Èbre, quand la paix est signée.

PYRÉNÉES ORIENTALES.

1793.
Aux Pyrénées orientales, les Espagnols, commandés par Ricardos, ont commencé l'attaque.

Notre armée, sous les ordres de Servan, est rangée derrière le Tech. Bellegarde, le fort des Bains, Collioure et Port-Vendre, en avant de cette rivière, sont occupés par nos garnisons. Un détachement a pris position au fond de la vallée de la Tet, sur la route de Puycerda.

15 avril.
Ricardos passe entre les forts de Bellegarde et des Bains, et traverse le Tech au pont de Ceret; nos cantonnemens surpris se replient en désordre sous le canon de Perpignan. Servan les rallie et les établit au camp du Mas d'Eu.

Le général ennemi les tient en échec tandis qu'il fait filer son armée sur la rive gauche du Tech et lui donne son organisation définitive. Cette opération lui demande un mois, au bout duquel il attaque les Français et enlève leur camp.

19 mai.

Cependant, avant de poursuivre ce succès, il veut assurer sa retraite; la dispersion de nos troupes lui permet d'assiéger, sans être troublé, Bellegarde et le fort des Bains; il revient sur ses pas et les investit. Ces places, n'ayant aucun espoir d'être secourues, ne tardent pas à se rendre. Collioure et Port-Vendre sont bloqués par l'ennemi.

juin.

Le mouvement rétrograde de Ricardos a permis à l'armée française de reprendre sa position du Mas d'Eu et de s'y affermir; lorsque les Espagnols viennent l'attaquer de nouveau, ils sont complètement battus et ramenés dans leur camp.

17 juillet.

Pendant ce temps, le général Dagobert, à la tête du détachement placé à notre droite, est entré en Cerdagne; il s'est étendu au-delà de Puycerda, menaçant à la fois Urgel et Campredon; mais cette diversion n'a aucune influence sur les déterminations de Ricardos qui, loin de songer à la retraite, conçoit le projet de rejeter au-delà de la Tet le gros de notre armée et de couper les routes par où Dagobert communique avec elle.

A cet effet, il fait d'abord enlever par son extrême gauche la place de Villefranche; puis il force à Soler le passage de la Tet; notre droite, qui lui est opposée, se réfugie à Salces; le reste de l'armée s'enferme dans Perpignan.

31 août.

Mais, avant qu'il soit fortement établi dans cette position nouvelle, nous l'attaquons à la fois de front par Salces, et par le flanc en débouchant de Perpignan; il est ramené à son camp du Mas d'Eu, d'où nous cherchons à le déposter.

16 septem.

Nos colonnes se dirigent par Thuir, et suivent les routes de Bellegarde et de Collioure : celle du centre fait de rapides progrès; mais les deux ailes, étant battues, l'entraînent dans leur déroute. L'armée se réfugie encore sous Perpignan.

22.

Sur ces entrefaites, nous reprenons Villefranche; des renforts nous arrivent; Ricardos, obligé de se retirer, se coucentre dans un camp retranché élevé au Boulou. Nous cherchons à l'envelopper; nos colonnes tentent d'abord une invasion sur Roses par Port-Vendre; mais elles sont repliées en désordre.

Une seconde attaque par Ceret n'est pas plus heureuse; enfin, un fort détachement s'est placé derrière la droite de l'ennemi, entre Argèles et le Boulou; Ricardos l'écrase et le replie sur Argèles, et, profitant de sa victoire pour s'assurer sur le Tech, il fond sur nos places de Collioure et Port-Vendre, s'en empare et se trouve en possession de toute la rive droite.

A l'ouverture de la campagne suivante, Dugommier commande les Français; son armée compte 35,000 hommes. Ricardos est mort; La Union a été appelé à le remplacer. Dagobert est toujours dans la Cerdagne.

Dugommier débute par une victoire éclatante : il attire La Union par une démonstration au pont de Céret; puis, passant le Tech au-dessous de Boulou, il tombe sur le flanc droit de l'armée ennemie entre Bellegarde et le Boulou, culbute les Espagnols, enlève la redoute escarpée de Montesquieu, dont on n'avait pu jusque-là se rendre maître, force les derniers postes que l'ennemi tient encore au Boulou, s'empare de 40 pièces de canon et des immenses bagages que les Espagnols traînaient à leur suite.

L'ennemi repassa les Pyrénées en désordre; on le suivit; on marcha sur Collioure : cette place, située à la chute des Albères, tire sa force des positions qui l'entourent et de la mer qui lui permet de se ravitailler sans cesse. On s'appliqua à l'isoler; on réussit à lui enlever ses appuis et ses communications : elle ouvrit ses portes; mais la capitulation qu'elle avait souscrite fut violée par le général en chef de l'armée espagnole, et ne servit qu'à compliquer l'état des choses. Maître de Collioure, Dugommier se porta sur Bellegarde. Les Espagnols, qui n'avaient pas essayé de troubler le siège de la première de ces places, entreprirent de dégager la seconde; ils attaquèrent l'armée française le 13 août, et obtinrent d'abord des succès; mais le combat ne tarda pas à changer de face : ils furent battus, laissèrent 2,500 hommes sur le champ de bataille, et eurent la douleur de voir Bellegarde se rendre à discrétion. Ils s'éloignèrent et prirent position au-dessus de Figuières. Dugommier les suit; une nouvelle action s'engage; ils sont encore forcés dans leurs retranchemens; mais, au moment où ils se mettent en déroute, un obus atteint le général qui les a battus : Dugommier succombe. Pérignon prend le commandement et achève ce que son prédécesseur a commencé. Il culbute l'ennemi, enlève les forts qui couvrent Figuières, et le contraint elle-même de capituler. Il pousse ses avantages; il marche sur Roses, et, quoique dépourvu de tout, il l'investit, l'assiège et réussit à l'enlever. Pérignon avait fait preuve de talent, d'habileté; mais il avait pour émule Augereau qui comptait comme lui de beaux faits : on craignit une rivalité qui eût pu devenir dangereuse, et on nomma Scherer au commandement de l'armée.

Les Espagnols avaient pris position derrière la Fluvia; Scherer les battit et les eût poussées au loin si le comité, déjà en négociations avec le cabinet de l'Escurial, ne l'eût contenu.

La paix fut enfin conclue, et l'armée des Pyrénées joignit celle qui se disposait à descendre en Italie.

ARMÉE DES ALPES.

La Savoie appartient aux deux grandes vallées du Rhône et de l'Isère, qui sont séparées, de Montmeillant à Sallanches, par la chaîne du Trelod. Trois passages du Piémont la traversent : l'un aboutit au Mont-Cenis et longe l'Arc, affluent de l'Isère; les deux autres débouchent du Petit Saint-Bernard, et conduisent à Genève et Grenoble, en cotoyant l'Isère et l'Arve, affluent du Rhône; ces deux derniers communiquent entre eux par la vallée de l'Arly.

On peut donc pénétrer en Piémont en manœuvrant sur le Rhône ou sur l'Isère. Cette dernière base est cependant préférable, puisqu'elle conduit aux trois défilés; mais, en 1792, il paraissait important d'attaquer par la vallée du Rhône. Chambéry était en fermentation, et nous avions en outre intérêt à nous porter promptement sous les murs de Genève pour occuper cette place ou la contraindre à la neutralité.

Montesquiou profite habilement de ces circonstances pour jeter les Piémontais dans l'incertitude et les forcer d'étendre leur ligne. Il commande à près de 20,000 hommes; ils ne peuvent lui en opposer plus de 15,000. Son premier soin est de faire une démonstration au pont de Beauvoisin, et, lorsque leur attention s'est portée de ce côté, il part rapidement du fort Barreau, passe par Montmeillant, coupe la ligne ennemie et pénètre à Chambéry sans combat.

Une révolution y éclate; la Savoie demande sa réunion à la France. Les détachemens piémontais dispersés dans les vallées se hâtent de regagner les passages; Montesquiou les fait poursuivre, les rejette au-delà des monts, marche sur Genève, et la force à renvoyer la garnison bernoise qu'elle avait reçue dans ses murailles.

On reste long-temps dans le même état : nous sommes au pied du Mont-Cenis et du Petit Saint-Bernard; l'ennemi nous y arrête; il en est de même aux passages des Grandes-Alpes qui débouchent immédiatement sur notre territoire.

Mais lorsque Lyon s'est soulevée, lorsque notre armée s'est dégarnie pour en former le siège, les Piémontais entreprennent de nous enlever la Savoie et de secourir les assiégés.

Une armée de 25,000 hommes, commandée par le marquis de Montferrat, l'un des fils du roi, débouche par les trois routes à la fois, en repliant nos faibles détachemens qui cependant lui disputent le terrain pied à pied.

Kellermann accourt avec 12,000 hommes réunis à la hâte, la plupart gardes nationaux volontaires des départemens voisins. Il prend position sur l'Isère, de Conflans à Gresy, dans le but de s'opposer à la jonction des trois colonnes ennemies qu'il surveille à la fois.

Montferrat, arrivé avec le centre à Moutiers, voyant Conflans fortement occupé, se porte par le col de la Madeleine sur sa gauche qui suit la vallée de Maurienne, et qui a déjà dépassé Saint-Jean; il espère déborder la droite de Kellermann; mais le général l'a prévenu en s'avançant dans la vallée de l'Arc. Nous attaquons les Piémontais à Epierre; nos gardes nationaux ont placé du canon sur des rochers presque inaccessibles; l'ennemi est battu; la gauche se replie à Saint-Michel; le centre regagne la vallée de la Tarentaise; Kellermann se lance tout entier à sa poursuite, le chasse de Moutiers, le bat à Saint-Maurice, et le force à repasser le Saint-Bernard. La droite et la gauche de l'ennemi n'ont plus qu'à faire retraite; mais nous sommes encore arrêtés au pied des défilés.

Ce n'est que l'année suivante que nous prenons à la fois tous les postes qui ouvrent l'Italie.

ARMÉE D'ITALIE.

Le théâtre des premiers combats de l'armée d'Italie est d'une étendue moindre encore que les précédens.

De ce côté, la chaîne des Grandes-Alpes s'affaisse tout à coup pour donner ouverture à la vallée du Tanaro; puis à droite de cette rivière, elle prend le nom d'Apennin et, toujours en s'abaissant, se rapproche de la mer; ses sommités passent alors par le mont Saint-Bernard, Rocca Barbena, Melogno et Saint-Jacques; son versant méridional est d'une largeur de trois à huit lieues.

Plusieurs cols, traversant les Alpes et l'Apennin, donnent entrée en Piémont : les principaux sont, pour les Alpes, ceux de Tende, de Finestre, de Barbacana et de l'Argentière; et pour l'Apennin, ceux de la vallée du Tanaro et ceux qui partant des environs de Savonne vont aboutir à Carcare et Dego. Ces derniers conduisent aux possessions autrichiennes en Lombardie.

Les troupes sardes évacuent Nice à l'approche des colonnes françaises. Le général Anselme entre dans la place, prend Villefranche, et pousse ses reconnaissances jusque sous les murs de Saorgio; mais les Piémontais l'occupent en forces; l'administration saisit les bestiaux que possèdent ces contrées stériles; l'armée, la population, sont en mouvement. Nous sommes ramenés; nous perdons même Sospello. Nous remontons alors la vallée de la Vesubia; nous joignons l'ennemi, nous le culbutons; nous nous emparons des grands établissemens qu'il a formés à Belveder.

L'armée avait reçu des renforts : elle comptait 30,000 hommes sur la fin de mai. Elle reprit ses opérations dès les premiers jours de juin, et alla chercher les Piémontais; elle les joignit le 8, les attaqua avec courage, leur mit 3,000 hommes hors de combat, mais ne put emporter leurs positions. Elle fit, le 12, une nouvelle tentative tout aussi infructueuse, et rentra dans ses camps. Les ennemis étaient paisibles dans ceux qu'ils occupaient. L'armée française avait été obligée d'envoyer une partie de ses forces au siège de Toulon. Les Piémontais avaient, de leur côté, fait un détachement pour défendre la place; on fut long-temps sans faire, de part ni d'autre, aucune tentative. Enfin, l'armée piémontaise reprit ses opérations et nous obligea, le 12 septembre, d'évacuer Belveder et la Vesubia. Les Autrichiens, qui venaient de joindre en force les Piémontais, suivirent l'ouverture; ils pouvaient, en poussant entre Lestron et le Var, tourner les positions qu'avait prises l'armée française. Il se mirent en mouvement; mais Masséna, qui sentait les conséquences de la manœuvre, attendit l'ennemi à Gilette, et le repoussa sur tous les points.

Pendant cette campagne, nous avons assiégé et repris Toulon livré aux Anglais. Napoléon a paru sur la scène : dès le début, il a mérité d'être appelé à un grade élevé. Devenu général de brigade, il est envoyé à l'armée d'Italie. Les colonnes que cette armée avait fournies au siège étaient rentrées; on se disposait à forcer les lignes de Saorgio; il forma le plan qu'il y avait à suivre. Une difficulté arrêta d'abord; il fallait emprunter le terrain des Génois, violer la neutralité : mais chaque jour les Impériaux la foulaient aux pieds; les Sardes ne les respectaient pas davantage. Nous suivîmes leur exemple, nous passâmes à notre tour.

Napoléon dirige le long de la mer une colonne qui s'empare d'Oneille, et, gagnant la vallée du Tanaro, chasse les Impériaux de Ponte di Nave, puis leur enlève Ormea. Pendant ce temps, Masséna remonte la vallée de la Taggia et s'établit sur le Mont Tanardo.

Cette position de Saorgio si long-temps défendue, est enfin dominée par sa gauche. Dumerbion l'attaque de front, tandis que Masséna la prend à revers et que Napoléon contient les Impériaux. Les Piémontais se retirent à Tende, où nous les poursuivons et que nous livre un nouveau combat.

Notre gauche balaie les vallées de la Vesubia et de la Tinea; nous sommes maîtres du revers méridional des Alpes et des Apennins. Notre droite établit ses communications avec Gênes en s'étendant jusqu'à Vado.

Napoléon a conçu le projet de pénétrer en Piémont par la vallée de la petite Bormida, en attaquant séparément les Impériaux et les troupes du roi de Sardaigne.

Dumerbion part de Vado, et se porte à Cairo, sur le versant septentrional, et tombe sur les Autrichiens. Mais après un combat assez vif, où la victoire a été balancée, il se replie vers Savonne.

Cet engagement termine la campagne. Dumerbion est rappelé, et Napoléon chargé de prendre le commandement de l'artillerie de l'armée de l'Ouest. Nous restons en possession de la route de Gênes et des sommets des Apennins.

Lors de l'ouverture de la campagne de 1795, l'armée française occupe Vado à droite; elle s'est fortifiée sur la crête des Alpes, s'appuie, à gauche, à la grande chaîne des Alpes, depuis le col de Tende, jusqu'au col de l'Argentière, en formant un cordon de postes non interrompu.

L'ennemi a réuni des forces considérables dans le but de reprendre l'offensive. Les Impériaux, commandés par Dewins, au nombre de 68,000, sont campés à Dego et Ceva. Ils couvrent l'Apennin et les avenues de la Lombardie. 25,000 Piémontais, sous les ordres de Colli, ont pris position à Coni et Mondovi, de manière à défendre les Alpes et la route de Turin. Kellermann est à la tête de notre armée, qui ne compte pas plus de 30,000 combattans.

Les deux coalisés est de nous attaquer sur tous les points, afin de nous ramener sur notre frontière. Mais leurs efforts tendent surtout à replier vivement notre droite par son extrémité, et en même temps à compromettre sa retraite en nous enlevant, sur la crête, les positions fortifiées qui la dominent.

Le mouvement commence dans la vallée du Tanaro, l'en-

CAMPAGNES DE 1793 ET 1794.

24.	nemi cherche à pénétrer entre notre centre et notre droite; il est repoussé. Il tombe alors sur Vado, où Laharpe, avec une poignée de braves, reste maître du terrain.	
25.	L'action s'engage sur toute la ligne. Colli et les Piémontais cherchent inutilement à s'emparer des passages des Alpes; Laharpe est encore vainqueur à Vado. Mais les Impériaux, ayant attaqué à la fois le Mont San-Bernardo, Bardinetto, Melogno et Saint-Jacques, ont réussi à s'établir dans nos retranchemens de Melogno.	
26.	Le combat continue. Nous essayons sans succès de reprendre la redoute de Melogno. Pendant ce temps, l'ennemi couronne le Mont San-Bernardo.	
10 Juin au Juillet.	Nous sommes obligés d'évacuer le revers méridional de l'Apennin et la vallée du Tanaro, au-dessous de la position de San-Bernardo. Cette retraite s'opère en bon ordre, et toujours en combattant. L'armée reforme sa ligne sur une chaîne secondaire qui part du San-Bernardo, passe par Succarello, et va finir sur la côte, à Borghetto. Là elle se maintient durant tout l'été, repoussant victorieusement les attaques de l'ennemi, qui renonce enfin à nous inquiéter, et ajourne ses projets à l'année suivante. Les Autrichiens, pour couvrir leurs quartiers d'hiver, élèvent devant leur front une double ligne de retranchemens, depuis Rocca Barbena jusqu'à Loano, et de Bardinetto à Finale. Ils sont flanqués, à droite, par une suite de redoutes sur le Mont San-Bernardo, à Melogno et à Saint-Jacques; enfin Colli est campé à Ceva. Sur ces entrefaites, Augereau arrive d'Espagne avec sa division, et Scherer remplace Kellermann dans le commandement en chef. Nos relations avec Gênes sont interceptées. L'armée n'a plus ni subsistances, ni vêtemens; on cherche à rouvrir les communications. Augereau débouche de Borghetto et marche sur Loano; à gauche Serrurier, s'avançant jusqu'à Garessio, tient les Piémontais en échec. Mais c'est de notre centre, commandé par Masséna, que partent les coups décisifs. Cet impétueux général s'élance de Succarello, va droit à Rocca Barbena et Bordinetto, culbute tout ce qu'il rencontre, et s'empare de Melogno. Déjà il menace à revers la gauche des Impériaux, et pour précipiter leur retraite, il pousse une colonne jusqu'à Saint-Jacques, tandis qu'Augereau continue vivement son attaque. Leur centre nous abandonne la crête de l'Apennin; leur gauche, harcelée par Augereau, coupée par Masséna, se met en déroute et s'échappe en fuyant par tous les passages qu'elle trouve libres, nous laissant son matériel et 5,000 prisonniers. Cette bataille nous rend les positions que nous avons perdues pendant la campagne, elle prépare les victoires de l'année suivante.	Bataille de Loano. 23 à 24 Nov.

QUATRIÈME CARTE.

CAMPAGNES DE 1796 ET 1797.

La guerre dure depuis quatre ans; nous avons d'abord défendu notre frontière; on a fait de part et d'autre des investissemens de places et des manœuvres pour les débloquer. On a livré des combats pour couvrir, faire ou lever des sièges. Puis nous nous sommes avancés de position en position sur le territoire étranger. Enfin nous voici maîtres des passages du Bas-Rhin, des Alpes et des Apennins.

Nos armées vont entrer dans un nouveau système de guerre, en tendant à un but commun, la capitale ennemie.

L'Autriche est maintenant l'ame de la coalition; les princes de Souabe, de Bavière et de Piémont, retenus dans son alliance parce qu'elle occupe leur territoire, s'en détacheraient si nous y pénétrions; l'Autriche elle-même souscrirait à la paix, si elle voyait sa capitale menacée.

On voit par la configuration de sa frontière que cet empire se rapproche de la France au midi par ses possessions en Lombardie, et au nord par la Bohême, qu'il en est séparé au centre par une longue étendue de la vallée du Danube. Mais cette vallée présente une particularité remarquable: jusqu'à Vienne elle va toujours en se rétrécissant; les Alpes Noriques d'un côté, et de l'autre les montagnes de la Bohême que le Danube, à partir de Ratisbonne, longe dans tout son cours, la resserrent sous un angle aigu dont Vienne est le sommet.

Ainsi une armée en marche sur la capitale de l'Autriche, s'appuyant à gauche au Danube et à droite aux Alpes, se concentre à mesure qu'elle avance et augmente sa force d'impulsion. Si l'on ajoute à cette force l'ascendant d'une victoire remportée en Bavière, si d'ailleurs l'ennemi a engagé une partie de ses troupes dans la haute Italie, on ne peut guère douter de l'occupation de Vienne.

C'est donc par la Bavière centrale et l'Italie qu'il faut attaquer l'Autriche. D'autres considérations, qui seront développées plus tard et dont nous verrons les plus brillantes applications, ont rendu classique ce champ de bataille, mais en 1796 l'expérience n'avait pas encore prononcé.

Nous avons laissé l'armée de Sambre-et-Meuse sur les bords de la Nahe et celle de Rhin-et-Moselle en arrière de la Queich où les ont ramenées le déblocus de Mayence et la prise de Manheim. Selon le plan arrêté, les deux armées reçoivent l'ordre de s'avancer en Allemagne, en se bornant à bloquer Mayence par la rive droite du Rhin.

Jourdan doit remonter la vallée du Mein, et Moreau qui a remplacé Pichegru, doit gagner le Danube par la vallée du Necker. Le résultat de ces dispositions en démontre le vice; mais le génie prodigieux du général en chef de l'armée d'Italie y suppléa.

Napoléon a été appelé au commandement de cette armée à qui, deux ans auparavant, il avait indiqué déjà les chemins de la victoire. Il est enfin à même de réaliser les projets que dès lors il méditait.

Après la bataille de Loano, les coalisés chassés de la crète et du versant maritime des Apennins, se sont étendus sur le revers septentrional en couvrant à la fois les avenues du Piémont et de la Lombardie. C'est là que Napoléon a le dessein de les attaquer, non plus en dispersant ses troupes par un cordon continu tout le long des montagnes, mais en lançant son armée entière entre les deux généraux ennemis par l'une des sommités que la bataille de Loano nous a rendues.

La pente de ce versant des Apennins est moins rapide que celle où nous avons jusqu'à ce moment combattu; sa largeur est d'environ douze lieues; le Tanaro et ses affluens, la Cursaglia, le Belbo, la grande et la petite Bormida en descendent, et différentes communications avec le bassin du Pô le traversent. D'abord la route d'Oneille à Turin par la vallée du Tanaro, Ceva et Coni, puis celle de Savonne aboutit à Milan par Alexandrie, Acqui et Dego, ensuite le débouché de la Bochetta; enfin une route transversale pratiquée le long des sommités et conduisant de Gênes à Turin par Savonne et Millesimo. Il résulte de là que Savonne est un point de départ commun pour les capitales du Piémont et de la Lombardie; de cette ville plusieurs cols conduisent au revers septentrional. Tous aboutissent à Carcare où se séparent les chemins de Millesimo et Dego. Or, les Autrichiens que commande Beaulieu sont cantonnés de Gênes à Alexandrie, leur droite appuyée à Dego sur la petite Bormida, et les Piémontais, toujours campés à Ceva, occupent par leur gauche Millesimo sur la grande Bormida. De la position centrale de Carcare, on menace donc à la fois les extrémités des deux généraux ennemis, et le terrain accidenté qui se trouve entre les deux Bormida marque l'intervalle où nous devons pénétrer pour opérer leur séparation.

Napoléon réunit autour de Savonne le gros de son armée dans l'intention de le transporter à Carcare. Mais en se concentrant il veut empêcher l'ennemi de faire ce qu'il fait lui-même. A cet effet, Serrurier à gauche par ses démonstrations à Garessio feint de vouloir continuer sa marche par la route de Turin et retient Colli dans le camp de Ceva tandis que Laharpe pousse la droite jusqu'à Voltri feignant de menacer Gènes et la Bocchetta. Pendant ce temps les belles divisions d'Augereau, de Masséna se déploient au-dessus de Savonne, prêtes à gagner Carcare où Laharpe doit les rejoindre par le col de Montenotte.

Mais au moment où nous nous ébranlons les Impériaux se sont aussi mis en mouvement pour renouveler la manœuvre de l'année précédente et envelopper notre droite, en l'attaquant de front sur la côte au débouché de Gènes, et en descendant sur le versant maritime, au point où elle se sépare de notre centre.

Beaulieu a formé son armée en deux colonnes; celle de gauche qu'il conduit en personne débouche de Gènes, l'autre commandée par d'Argenteau se rend à Montenotte. Colli sur qui les Impériaux vont pivoter reste stationnaire à Ceva.

Cette combinaison qui compromet un moment le plan de Napoléon finit par en assurer le succès. D'Argenteau, descendant le col de Montenotte au moment où notre extrême droite est aux prises à Voltri avec Beaulieu, est sur le point de couper le chemin qui doit réunir Laharpe au reste de l'armée. Mais le général autrichien arrivé à Montelegino se heurte contre les redoutes que nous y avons élevées. Tous ses efforts échouent devant les retranchements que le colonel Rampon à la tête de 1500 hommes défend avec une extrême intrépidité.

Napoléon averti du danger que court Montelegino porte la division Laharpe derrière les redoutes, en même temps il fait attaquer les Impériaux sur leur flanc droit par Masséna et dirige Augereau sur leurs derrières, à Carcare.

Argenteau battu et mis en déroute ne peut se raffermir qu'à Dego et lorsqu'il y reforme sa ligne, sa jonction avec Colli est déjà fortement compromise. Augereau en appuyant à gauche s'est emparé des gorges qui conduisent à Millesimo et a entouré dans le château de Cossaria un corps d'Impériaux qu'il a toutefois essayé vainement d'enlever. Pendant ce temps Serrurier a tenu les Piémontais en échec, et Masséna flanqué à droite par Laharpe, descendant la vallée de la petite Bormida, s'est mis en marche sur Dego.

Un nouvel engagement achève la séparation des Piémontais et des Impériaux. Augereau s'empare de Millesimo, bat au-delà de la grande Bormida la gauche de Colli et fait déposer les armes au détachement de Cossaria, tandis que Masséna et Laharpe emportent toutes les positions de Dego et refoulent sur Acqui les débris d'Argenteau.

Sur ces entrefaites, une colonne de la gauche de Beaulieu envoyée au secours du centre et n'ayant pu le rallier avant la bataille, pénètre dans Dego sur nos derrières, y surprend nos postes et s'établit dans ce village où nous ne rentrons qu'à la suite d'un combat acharné.

Cependant Beaulieu désorganisé se replie au-delà du Pô; Laharpe reste en observation entre le Belbo et la Bormida; nos autres divisions s'engagent dans les routes de Turin et marchent contre Colli. Serrurier l'inquiète trop à Garessio, sur son flanc, pour qu'il puisse défendre Ceva; il se retire sur la Cursaglia, et se forme en avant de Mondovi.

Serrurier marche en avant-garde; il est d'abord repoussé au pont de la Cursaglia; mais l'ennemi abandonne cette rivière, et se concentre dans les retranchements de Mondovi. Serrurier enlève brusquement la redoute du centre et décide la victoire; nous entrons dans la ville. Colli se réfugie à Cherasque, où Masséna ne lui laisse point le temps de s'établir; enfin il prend position à Carignan.

Nous sommes aux portes de Turin; la cour de Sardaigne, effrayée de la rapidité de nos succès, entre en négociation et consent, à Cherasque, un armistice, bientôt suivi de la paix, qui nous livre, entre autres places fortes, Coni, Ceva, Alexandrie et Valence.

Napoléon, affermi sur sa gauche, se porte aussitôt contre Beaulieu; le soin qu'il a pris d'exiger la remise de Valence, et d'y réunir des moyens de passage et des approvisionnemens, enfin notre concentration autour de cette ville, donnent le change au général ennemi, qui s'apprête à nous disputer, sur ce point, les approches de la rive gauche. Cependant Napoléon porte d'une marche rapide à Plaisance le gros de ses forces; déjà il a franchi le Pô, et s'est solidement établi sur la rive gauche avant que l'ennemi ait pu être averti. Les divisions de Beaulieu viennent se faire battre l'une après l'autre; Liptai se heurte contre notre avant-garde à Fombio, et se fait rejeter en désordre sur Pizzighittone.

Beaulieu, en personne, accourt avec le centre, et ne trouve plus Liptai; mais il nous rencontre à Codogno, et, après un engagement de courte durée, il se replie rapidement à Lodi, où il passe l'Adda. Nous nous élançons à sa poursuite, et pour le séparer de sa droite, nous nous disposons à forcer le passage. Il a conservé le pont, dans l'espérance de rallier sa droite; mais une batterie le défend, soutenue, à droite et à gauche, par l'infanterie qui a crénelé les maisons voisines.

La division Masséna, formée en colonne, s'élance contre l'artillerie et parvient, malgré la mitraille, sur la rive opposée; elle rompt la ligne ennemie, et notre cavalerie, passant à gué, achève d'y jeter le désordre.

Beaulieu gagne Brescia, où sa droite s'est déjà rendue par Cassano; il se retire au-delà du Mincio.

Nous occupons Pavie, Pizzighittone, Crémone, Lodi, Cassano. Napoléon fait son entrée à Milan, dont il fait investir la citadelle.

Cependant Beaulieu a le temps de fortifier sa dernière ligne de défense; il s'empare de la place vénitienne de Peschiera, jette dans Mantoue une nombreuse garnison, et garnit de retranchements les rives du Mincio. Lorsque notre armée parvient aux bords de cette rivière, elle trouve l'ennemi préparé à une sérieuse résistance. Mais quelle impétuosité nous ont donnée nos premières victoires!

Napoléon lance sa colonne principale sur Borghetto; les

QUATRIÈME CARTE.

ennemis en sont rapidement chassés, et se retirent à Valeggio; ils font sauter une arche du pont. Elle est à l'instant rétablie, et nous entrons, l'épée à la main, dans Valeggio. Les Impériaux se replient à Villafranca. Napoléon ne les poursuit point; il a dirigé Augereau sur Peschiera, en lui prescrivant d'occuper les débouchés du Tyrol et de l'Adige. Il attend, pour continuer l'attaque, que son lieutenant ait pris position; mais l'effroi que nous inspirons à l'ennemi fait échouer cette dernière combinaison; il évacue Villafranca et se met en sûreté au-delà de l'Adige, avant qu'Augereau ait achevé de se déployer.

Là se termine la première partie de la campagne de Napoléon; pour continuer à se porter en avant et s'engager dans les défilés du Tyrol, il faudrait qu'il pût compter sur la stricte neutralité des Vénitiens, et qu'il eût réduit les forteresses impériales de la rive gauche du Pô. Il donne donc à son armée des positions défensives autour du lac de Garde et sur l'Adige; il fait occuper Peschiera, Vérone et Legnano, comme garantie de la neutralité vénitienne, et pose la division Serrurier à l'entrée des digues qui traversent le lac au milieu duquel s'élève Mantoue, et qui donnent accès à cette ville.

Cependant nos armées du nord commencent à se mettre en mouvement. Wurmser et l'archiduc Charles, qui remplace Clairfayt, sont encore entre Mayence, la Nahe et le Spirebach; Kienmayer et Wurtemberg défendent le bas Rhin de Coblentz à Dusseldorf; les contingens de Souabe, de Saxe de la Bavière, le corps de Condé et quelques détachemens impériaux, sont cantonnés de Manheim à Lorrach.

Depuis la prise de Manheim par Wurmser, Jourdan seul a des ponts sur le Rhin. Il se porte le premier sur la rive droite afin d'attirer à lui l'archiduc, et de donner à Moreau plus de facilités pour tenter un passage de vive force.

Kléber débouche le prince de Dusseldorf, bat Kienmayer à Siegberg, le refoule sur le prince de Wurtemberg, qui accourt le rallier. Il les défait tous deux à Altenkirchen, et les poursuit jusqu'à la Lahn, qu'il passent à Nassau pour prendre position à Limbourg. Kléber se forme sur la rive droite, et de part et d'autre on attend des renforts.

Les lieutenans de l'archiduc appellent à eux leur général en chef, qui s'ébranle pour les soutenir, en même temps que Jourdan, après avoir laissé Marceau à la Nahe à la tête de deux divisions, franchit le pont de Neuwied avec Bernadotte et Championnet.

Arrivé sur la Lahn avant l'archiduc, le général français se hâte de diriger sur Wetzlar la division Lefebvre, afin de se rendre maître de la partie supérieure du cours de la rivière; mais les Impériaux ont encore le projet de déborder notre gauche; ils nous ont prévenus à Wetzlar, et se sont établis sur la Dill.

Lefebvre cherche à leur enlever le cours de cette rivière; mais l'archiduc est entré en ligne: nos troupes engagées avec des forces supérieures sont repliées, la droite des ennemis s'étend de Wetzlar à Dillenbourg.

Jourdan, menacé par les mêmes manœuvres que l'année précédente, se détermine par les mêmes motifs à faire retraite; il gagne le Seynbach; et, couvert par cette petite rivière, il repasse le pont de Neuwied en contenant l'ennemi.

Kléber retourne à Dusseldorf, où il parvient après avoir soutenu un rude combat en avant de la Sieg.

Mais l'archiduc n'a point quitté seul la rive gauche du Rhin. Wurmser vient d'être appelé à l'armée d'Italie; il part avec 30,000 hommes d'élite. Le reste des troupes sous son commandement passe sous les ordres du prince Charles, et se replie sur Manheim sous les ordres de Latour. Le Directoire, qui croit que Jourdan s'est maintenu depuis la Sieg, veut lui porter secours. Il ordonne à l'armée de Rhin-et-Moselle de passer le Rhin. Moreau, qui a devant lui des forces considérables, essaie de leur donner le change. Il traverse le Spirebach, menace la tête de pont de Mauheim, fait filer ses divisions à marches forcées jusqu'à Strasbourg et passe le fleuve. Cette opération s'exécute pendant la nuit. Au point du jour, nous avons surpris le fort de Kehl; sous sa protection, nos ponts s'achèvent; en deux jours, 40,000 hommes sont rangés en bataille sur la rive droite.

L'ennemi nous arrête un moment en avant d'Offenbourg et se retire en demi-cercle. Condé et Frœlich remontent les vallées du Rhin et de la Kintzig; les contingens de Souabe prennent position sur les hauteurs de Freudenstadt. Les Saxons se portent au-devant de la droite de Latour, conduite par Starray, qui, après les avoir ralliés, se range en arrière de la Renchen.

Desaix attaque Starray de front par Renchen et déborde sa gauche par Oberkich; le général autrichien se retire à Buhl.

Cependant l'armée de Moreau continue à défiler; il a maintenant, au-delà du Rhin, 50,000 hommes qui doivent rallier, en se déployant, les corps restés devant la tête de pont de Manheim et la division Laborde cantonnée à Huningue. Desaix commande la gauche, Saint-Cyr le centre, et Ferino la droite.

Le but de Moreau est d'éloigner du Rhin le théâtre de la guerre pour laisser à Jourdan la possibilité d'investir Mayence. Il faut donc qu'il attire l'archiduc dans la vallée du Necker, au-delà des Alpes de Souabe. A cet effet, tandis que Ferino occupe Biberach et Fribourg, qu'il assure nos derrières en contenant Frelich et Condé, Desaix marche droit aux Impériaux par la chaussée d'Heidelberg; et Saint-Cyr, après avoir déposté de Freudenstadt les troupes de Souabe, s'empare des sommités des montagnes, et s'avance parallèlement à la gauche.

Desaix pousse Starray jusqu'à la Murg, où Latour s'est rendu. Ce dernier général tente de nous arrêter; il occupe Radstadt, Kuppenheim et Gernsbach. Desaix fait les mêmes dispositions qu'aux bords de la Renchen, et tourne la gauche de l'ennemi à Gernsbach, pendant que l'action est engagée sur les deux autres points.

Latour abandonne le champ de bataille et rétrograde jusqu'à l'Alb. Il y rallie le général en chef qui arrive de la Lahn, où il a laissé Wartensleben en observation.

L'Alb, comme la Murg et la Renchen, tombe presque à angle droit dans le Rhin; puis, se repliant brusquement sur lui-même, coule, dans sa partie la plus élevée, parallèlement au fleuve. Cette rivière offre donc une mauvaise position défensive, puisque le progrès seul de notre marche a pour effet de déborder la gauche de l'ennemi.

L'archiduc se résout à l'offensive ; il fait occuper fortement le plateau qui domine les sources de l'Alb, et manœuvre de manière à nous détacher du Rhin et à nous acculer aux montagnes en pivotant sur ce point d'appui.

Cette combinaison réussit d'abord ; la droite des Impériaux soutenue par leur nombreuse cavalerie, nous fait reculer jusqu'à Radstadt ; mais Saint-Cyr s'étant porté de Freudenstadt à Wildbald, emporte, l'épée à la main, le plateau qui flanque la gauche de l'ennemi, et menace, en débouchant par le vallée de l'Alb, de le jeter dans le Rhin.

L'archiduc ordonne la retraite ; et craignant que Saint-Cyr ne lui ferme les routes de Stuttgard, il abandonne la vallée du Rhin pour prendre position à Pfortzheim sur l'Enz, affluent du Necker. Ce mouvement découvre la route d'Heidelberg ; Moreau appelle à lui son extrême gauche, qui passe le Rhin à Spire, et le rejoint à Bruchsall.

En même temps Ferino pousse l'ennemi au-delà de Fribourg et d'Hornberg ; un détachement du centre occupe Horb ; et la division Laborde, débouchant d'Huningue, poursuit, dans la direction de Sthulingen, la division autrichienne de Wolf, qui occupe Lorrach.

L'archiduc donne rendez-vous sur le Danube à ses détachemens du haut Rhin. Wartensleben aussi reçoit l'ordre de se retirer par la vallée du Mein. Le demi-cercle qui s'était formé devant nous au fort de Kehl est maintenant déployé en arrière, parallèlement au Rhin ; notre ligne s'étend suivant la même direction.

Le prince autrichien se met en marche pour le Danube à travers la vallée du Necker ; Moreau, pour le suivre, pivote sur sa droite, tandis que Wartensleben se retirant le long du Mein, perpendiculairement au Rhin, attire Jourdan de manière à le séparer de plus en plus de Moreau.

Nous verrons les conséquences funestes de cette divergence entre nos deux armées.

Pendant ces événemens, Wurmser a traversé la Souabe et le Voralberg ; il entre dans le Tyrol. Napoléon a converti en siège le blocus de Mantoue ; il attend Wurmser dans les positions que nous avons indiquées. Cependant il a dirigé deux colonnes sur Ancône et Livourne, pour contenir les États de l'Italie centrale et la cour de Naples ; les princes italiens ont traité avec lui.

Jourdan a passé le Rhin à Neuwied ; et laissant Marceau à la tête de 25,000 hommes, autour de Mayence et Ehrenbreitstein, il s'est mis, avec 46,000 hommes, à la poursuite de Wartensleben, qui eut sous ses ordres 40,000. Le général ennemi a voulu résister à Friedberg ; mais il s'est fait battre, et Jourdan a occupé Francfort et Wurtzbourg.

Sur ces entrefaites, les princes de Saxe et de Souabe font leur paix avec la République ; l'archiduc, affaibli de leurs contingens, se porte de Pfortzheim à Stuttgard ; Moreau le suit pas à pas sur toute la ligne.

Saint-Cyr entre dans Stuttgard ; les Impériaux l'arrêtent sur le Necker aux ponts de Canstadt et d'Essling ; mais lorsqu'il s'est concentré pour une attaque plus sérieuse ; ils ont abandonné leurs positions.

Ils se retirent en trois colonnes, suivant les vallées étroites que parcourent le Rems, la Wils et l'Erms pour traverser le Rauhe-Alp, chaîne de montagnes qui sépare la vallée du Necker de celle du Danube.

Les corps du haut Rhin tournent le Danube que Froelich descend par la rive droite ; Wolf remonte le Rhin, afin de gagner le Voralberg ; Condé marche dans une direction intermédiaire par Mindenheim et Landsberg ; Ferino les poursuit, divisé comme eux en trois corps.

Moreau est à la suite de l'archiduc avec Desaix et Saint-Cyr. Ce prince a pris, de sa personne avec le gros de son armée, la route de Canstadt à Gemund, afin de surveiller nos mouvemens sur sa droite, et de s'assurer que nous ne nous portons point au-devant de Jourdan. Mais Moreau, pour soutenir sa droite et gagner Ulm en toute sécurité, a distribué ses forces en sens inverse de l'archiduc, qui se trouve poursuivi par la moindre de nos colonnes. L'ennemi nous contient en avant de Gemund, puis sur les sommets de l'Alb, de la Danube, de Nordlingue à Ulm, occupant Aalen et Heydenheim.

Pendant cette retraite, Wurmser a enfin organisé son armée. Il descend du Tyrol par les deux rives de l'Adige avec 40,000 hommes ; sa droite, au nombre de 20,000 hommes, commandés par Quasdanowich, tourne le lac de Garde, et s'avance dans la vallée de la Chiese par la route de Trente à Brescia.

Les trois chaussées que suivent ses colonnes aboutissent à Mantoue, but concentrique des Impériaux ; Wurmser compte sur sa grande supériorité numérique, soit pour nous envelopper autour de cette forteresse, soit pour nous couper de Milan, précipiter notre retraite par la rive droite du Pô, et reconquérir d'un seul coup la Lombardie ; mais cette combinaison repose sur deux hypothèses, ou que Napoléon attendra l'ennemi sous Mantoue, ou qu'il se hâtera de rétrograder. C'est dans la confiance qu'il n'y a point d'autre issue, que le général autrichien n'a point hésité à séparer sa droite du gros de son armée, par toute l'étendue du lac de Garde. Or Napoléon prend une résolution qui n'est point entrée dans ses prévisions, celle d'opposer tour à tour aux deux subdivisions de l'armée impériale, la masse de ses propres forces, d'abandonner le siège de Mantoue, et de consacrer tous ses efforts au seul but d'empêcher la jonction de Wurmser et de son lieutenant.

Au moment où les avant-postes ennemis paraissent, la division Sauret (4500) occupe Salo et Gavardo, gardant les avenues du Tyrol au Brescian ; Masséna de l'autre côté du lac (1500) couvrant Vérone, est en position à Rivoli et le long de l'Adige ; à sa droite, Augereau (5000) est à Legnano. Les réserves sont cantonnées sur le Mincio à Peschiera et Valleggio (9000). Enfin Serrurier a réparti sa division (10000) autour de Mantoue.

Bientôt les masses de Quasdanowich et de Wurmser refoulent Sauret et Masséna. Le premier se retire à Dezenzano laissant enfermé dans Salo Guyeux à la tête d'un bataillon ; le second plus opiniâtre se maintient encore à deux lieues au-dessus de Peschiera ; Quasdanowich étend sa droite jusqu'à Brescia ; son centre marche sur Lonato ; sa gauche attaque Guyeux dans Salo.

Aussitôt Napoléon ordonne à toutes ses divisions de se porter sur sa gauche.

QUATRIÈME CARTE.

Serrurier seul (moins une brigade) ne prend point part à ce mouvement. Il se retire de Mantoue sur l'Oglio et prend position à Bozolo pour nous garder la route de Cremone en cas d'échec et en cas de succès se porter sur la droite de l'ennemi. De fortes arrière-gardes restent à Peschiera et Valeggio afin de disputer à Wurmser le passage du Mincio.

Notre gauche, ayant reçu ses premiers renforts, reprend l'attaque; Quasdanowich, assailli par Sauret à Salo dont il n'a pu déposter Guyeux, et par Augereau à Brescia et Lonato, se replie précipitamment jusqu'à Gavardo.

Pendant ce temps, Wurmser s'avance en trois colonnes, conduisant en personne droit à Mantoue 15000 hommes qui ne rencontrent point d'ennemis. Le feld-maréchal, convaincu de notre retraite générale, perd, dans la vanité d'une entrée triomphante, de précieux momens durant lesquels ses deux lieutenans forcent le passage du Mincio et continuent à se porter en avant. Bayalitsch de Peschiera gagne Lonato cherchant à s'étendre dans la direction de Salo; Liptai, parti de Borghetto, s'empare de l'importante position de Castiglione.

Napoléon abandonne Quasdanowich, laissant à Sauret le soin de le contenir, puis il se rabat vivement avec Augereau et Masséna sur les deux généraux ennemis.

Quasdanowich rentre dans Salo, mais Guyeux, soutenu par une forte colonne de la réserve partie de Brescia, lui enlève encore une fois cette position où il se maintient définitivement. En même temps, Napoléon tombe à Lonato sur le centre de Bayalitsch, rompt sa colonne, coupe tout ce qui s'est aventuré dans la direction de Salo et pousse le reste en désordre jusqu'au Mincio, après quoi il dispose d'une partie de son monde pour seconder Augereau, à qui il a fait prescrire de chasser Liptai de Castiglione; mais déjà Liptai s'est mis en retraite.

Les deux lieutenans de Wurmser se retirent au-delà du Mincio et appellent à eux le feld-maréchal, qui leur amène toutes ses forces, et débouchant de Borghetto, forme sa ligne en avant de Castiglione.

Mais Serrurier a suivi ses mouvemens, et au moment où l'action s'engage, sa division se déploie à la gauche de Cauriana sur les derrières de l'ennemi.

29 et 31 Juillet.

Napoléon, en refusant son centre et sa gauche, force les Impériaux à étendre leur droite, puis, lançant vivement sa droite contre leur gauche, il la replie en désordre sur Serrurier; lorsqu'elle se voit prise entre deux feux, elle se met en déroute; Wurmser s'affaiblit pour se rétablir. Alors Napoléon, saisissant le moment, ébranle toute sa ligne qui charge avec impétuosité et rejette l'ennemi au-delà du Mincio. Augereau enlève le pont de Borghetto, Masséna dégage Peschiera. Wurmser désorganisé se retire dans le Tyrol; Quasdanowich le rejoint. Nous reprenons nos positions sur le lac, sur l'Adige et autour de Mantoue.

Les deux armées vont passer dans l'inaction quelques jours, marqués par les succès de l'archiduc en Allemagne.

Moreau a débouché à sa suite du Rauhe-Alp est entré dans Haydenheim, Aalen et Neresheim et a même un moment occupé par sa droite la position d'Elchingen; son centre est en avant de Neresheim; sa droite entre Haydenheim et le Danube; sa gauche en arrière de Neresheim dans la direction d'Aalen.

Les Impériaux, avant de passer le Danube, tentent de rejeter l'armée française dans la vallée du Neckar. Ils l'attaquent sur tous les points et parviennent à séparer la droite du centre, en perçant jusqu'à Haydenheim; mais là se borne leur succès : nous nous sommes maintenus de toutes parts, et la nuit met fin à cette bataille indécise, après laquelle l'archiduc franchit les ponts de Dillingen et Donawerth et se retire derrière le Lech où il rallie Frœlich, Condé et ses renforts. Son armée s'élève alors à 60000 hommes.

11 Ao...

Cependant Wartensleben poussé par l'armée de Sambre-et-Meuse, au lieu de se rapprocher de l'archiduc, a continué à remonter la vallée du Mein et s'est porté à Zeil, puis à Bamberg; de cette ville il a fait rentrer en Bohème par la route d'Egra ses convois et un détachement destiné à couvrir les frontières, après quoi il a pris position sur la Wissent appuyant sa gauche à Forcheim. Jourdan selon les instructions du Directoire devait constamment tendre à déborder sa droite, il l'a donc suivi en occupant Gemund, Schweinfurth puis Bamberg, et enfin l'ayant attaqué et battu sur la Wissent, il l'a forcé de se retirer à Amberg par la traverse de Neukirchen. Jourdan s'élance à sa poursuite en faisant occuper Nuremberg et en donnant à Bernadotte l'ordre de se porter à Neumarck pour flanquer sa droite, observer l'archiduc et tendre la main à l'armée de Rhin-et-Moselle.

23, 31 J...

6 Ao...

Ainsi, au moment où Moreau rétablit les ponts que l'archiduc a détruits et passe le Danube pour rallier Ferino et se former sur la rive gauche du Lech, Jourdan s'aventure sur les routes de la Bohème, séparé de l'armée de Rhin-et-Moselle par toutes les forces de l'archiduc auxquelles il prête le flanc.

L'occasion est belle, et le prince autrichien en profite habilement. Il laisse sur le Lech 35000 mille hommes sous les ordres de Latour afin de masquer son mouvement et de contenir Moreau, puis prenant avec lui 25000 hommes d'élite, il va passer le Danube en deux colonnes à Neubourg et Ingolstadt.

Là il apprend que Wartensleben battu à Sulzbach, à Amberg et à Wolfering, a continué de rétrograder jusqu'aux bords de la Naab où Jourdan l'a poursuivi. Leurs armées occupent Naabourg et Schwandorf et s'observent de l'une à l'autre rive.

L'archiduc manœuvre alors en couvrant son front par l'Altmühl et descend cette rivière afin de bien choisir son point de départ et de ne point former avec Wartensleben un angle trop ouvert; après quoi ses colonnes passent; celle de droite qu'il conduit en personne à Riedenbourg pour gagner Hemau et s'emparer de la chaussée de Ratisbonne à Nuremberg; celle de gauche commandée par Hotzet à Dietfur et Beilengries pour remonter droit à Neumarkt.

Le prince rencontre les Français en avant de cette ville et les attaque de front. Bernadotte, malgré la supériorité des assaillans, les repousse et conserve ses positions; mais craignant d'être tourné par Hotze, il se replie et forme sa ligne en arrière de la ville, puis voyant la gauche de l'ennemi menacer de le déborder, il rétrograde jusqu'à

22 A...

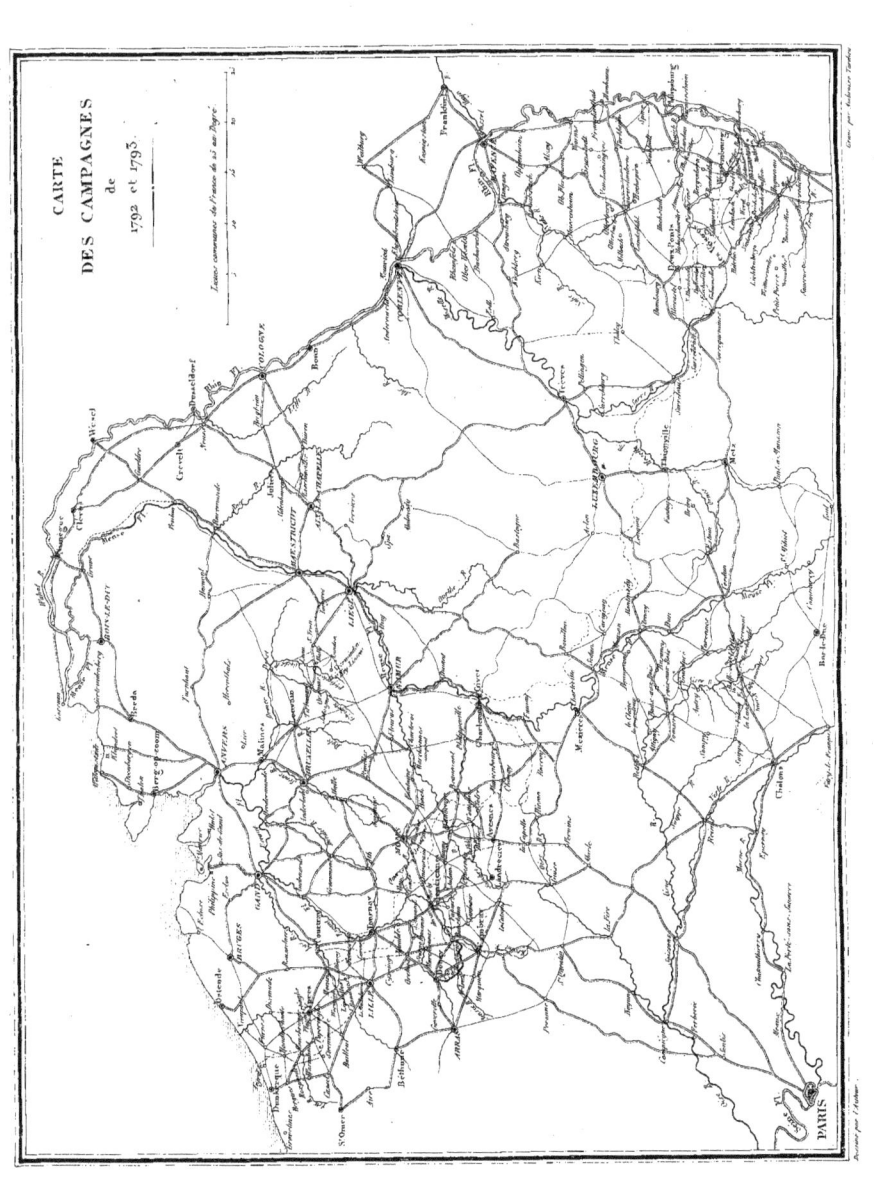

CARTE
DES CAMPAGNES
de
1794 et 1795.

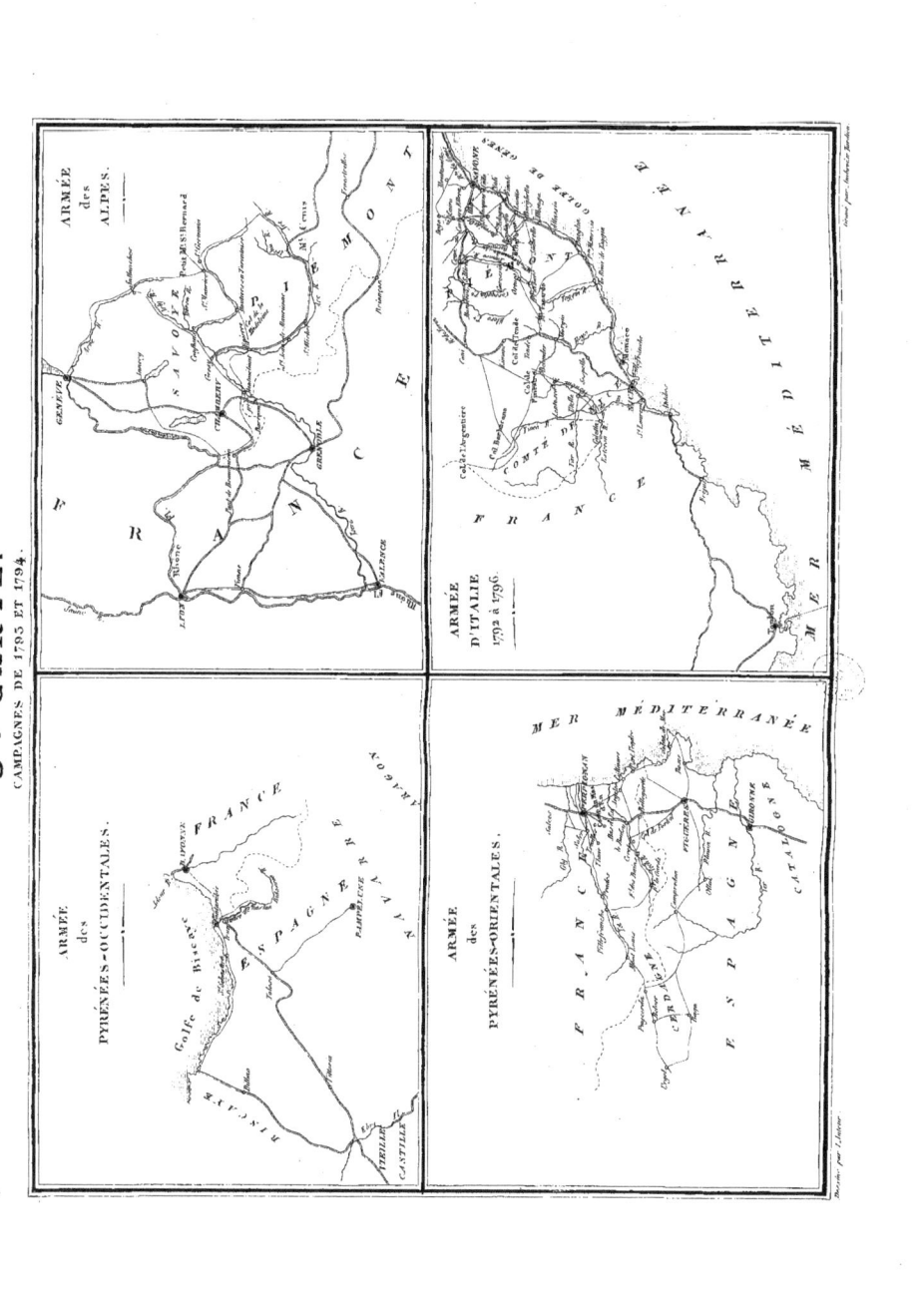

CARTE DE LA CAMPAGNE de 1796.

www.ingramcontent.com/pod-product-compliance
Lightning Source LLC
Chambersburg PA
CBHW060952050426
42453CB00009B/1159